Kohlhammer

Der Autor

Udo Rauchfleisch studierte Psychologie an den Universitäten Kiel und Lubumbashi/Kongo. In den ersten vier Jahren seiner Berufstätigkeit arbeitete er in der Kinder- und Jugendpsychiatrie im LKH Schleswig. Im Anschluss daran war er 30 Jahre Leitender Psychologe in der Psychiatrischen Universitätspoliklinik Basel und ist seit 1999 in Basel als Psychotherapeut für Kinder, Jugendliche und Erwachsene in privater Praxis tätig.

Seine psychotherapeutische Ausbildung hat er 1981 am Institut für Psychoanalyse und Psychotherapie der Deutschen Psychoanalytischen Gesellschaft (DPG) in Freiburg/Br. abgeschlossen. Er ist Mitglied der DPG und der DGPT sowie verschiedener anderer Fachgesellschaften.

Von 1978 bis zu seiner Emeritierung 2007 war er Professor für Klinische Psychologie an der Universität Basel, ist weiterhin als Dozent und Supervisor in der psychotherapeutischen Ausbildung und als Gastprofessor an verschiedenen in- und ausländischen Universitäten und Fachhochschulen tätig.

Seine Forschungsschwerpunkte sind neben Theorie und Praxis der Psychoanalyse Dissozialität, Persönlichkeitsstörungen, musikpsychologische und theologisch-psychologische Grenzgebiete sowie Homosexualität und Transidentität/Transgeschlechtlichkeit.

Udo Rauchfleisch

Sexuelle Orientierungen und Geschlechtsentwicklungen im Kindes- und Jugendalter

Verlag W. Kohlhammer

Dieses Werk einschließlich aller seiner Teile ist urheberrechtlich geschützt. Jede Verwendung außerhalb der engen Grenzen des Urheberrechts ist ohne Zustimmung des Verlags unzulässig und strafbar. Das gilt insbesondere für Vervielfältigungen, Übersetzungen und für die Einspeicherung und Verarbeitung in elektronischen Systemen.

Pharmakologische Daten verändern sich ständig. Verlag und Autoren tragen dafür Sorge, dass alle gemachten Angaben dem derzeitigen Wissensstand entsprechen. Eine Haftung hierfür kann jedoch nicht übernommen werden. Es empfiehlt sich, die Angaben anhand des Beipackzettels und der entsprechenden Fachinformationen zu überprüfen. Aufgrund der Auswahl häufig angewendeter Arzneimittel besteht kein Anspruch auf Vollständigkeit.

Die Wiedergabe von Warenbezeichnungen, Handelsnamen und sonstigen Kennzeichen berechtigt nicht zu der Annahme, dass diese frei benutzt werden dürfen. Vielmehr kann es sich auch dann um eingetragene Warenzeichen oder sonstige geschützte Kennzeichen handeln, wenn sie nicht eigens als solche gekennzeichnet sind.

Es konnten nicht alle Rechtsinhaber von Abbildungen ermittelt werden. Sollte dem Verlag gegenüber der Nachweis der Rechtsinhaberschaft geführt werden, wird das branchenübliche Honorar nachträglich gezahlt.

Dieses Werk enthält Hinweise/Links zu externen Websites Dritter, auf deren Inhalt der Verlag keinen Einfluss hat und die der Haftung der jeweiligen Seitenanbieter oder -betreiber unterliegen. Zum Zeitpunkt der Verlinkung wurden die externen Websites auf mögliche Rechtsverstöße überprüft und dabei keine Rechtsverletzung festgestellt. Ohne konkrete Hinweise auf eine solche Rechtsverletzung ist eine permanente inhaltliche Kontrolle der verlinkten Seiten nicht zumutbar. Sollten jedoch Rechtsverletzungen bekannt werden, werden die betroffenen externen Links soweit möglich unverzüglich entfernt.

1. Auflage 2021

Alle Rechte vorbehalten
© W. Kohlhammer GmbH, Stuttgart
Gesamtherstellung: W. Kohlhammer GmbH, Stuttgart

Print:
ISBN 978-3-17-039210-6

E-Book-Formate:
pdf: ISBN 978-3-17-039211-3
epub: ISBN 978-3-17-039212-0
mobi: ISBN 978-3-17-039213-7

Inhalt

Vorwort 7

1 **Wie entstehen die sexuellen Orientierungen und die Geschlechtlichkeiten?** 11
    1.1   Die Ausgangslage 11
    1.2   Zur verwendeten Terminologie 12
    1.3   Ein Modell der Geschlechtsentwicklung und der Entwicklung der sexuellen Orientierungen 16
    1.4   Fazit 26
    1.5   Welchen Nutzen haben die Fragen nach dem »Warum« und die verwendeten Kategorisierungen? 27

2 **Gibt es Entwicklungsbedingungen von homosexuellen, bisexuellen und Kindern mit Transgeschlechtlichkeit, die von denen der cis und heterosexuellen Kinder abweichen?** 31
    2.1   Das Hineinwachsen in eine Welt, die sie anders erwartet als sie sind 31
    2.2   Durchlaufen eines Coming Out-Prozesses 38
    2.3   Auseinandersetzung mit negativen Klischeebildern 41
    2.4   Diskriminierungen 44
    2.5   Auslösen von Irritation in der Umgebung 57
    2.6   Fehlende Vorbilder 58

3 **Folgen des »Andersseins«** 65
    3.1   Das Erleben von Stress 65
    3.2   Verinnerlichte Homo- und Transnegativität 67

| | 3.3 | Psychische Störungen als Folge des »Andersseins« | 68 |

4 Segen und Fluch des Internets 72

5 Therapeutische Aspekte 82
- 5.1 Voraussetzung: gay- und transaffirmative Haltung der Professionellen 84
- 5.2 Behandlung psychischer Störungen 90
- 5.3 Bearbeitung der Traumatisierungen und der verinnerlichten Trans- und Homonegativität 96
- 5.4 Begleitung des Coming Out-Prozesses 105
- 5.5 Einbezug von Eltern, weiteren Angehörigen, Lehrer*innen, Arbeitgeber*innen und anderen wichtigen Bezugspersonen 108
- 5.6 Begleitung von Eltern, Verweis auf fachliche Hilfe für die Eltern 111
- 5.7 Vermittlung von LGBTIQ*-Gruppen 119
- 5.8 Unterstützung von trans Kindern und Jugendlichen bei medizinischen und juristischen Schritten 123
  - 5.8.1 Medizinische Behandlungen 123
  - 5.8.2 Juristische Schritte 130
- 5.9 Resilienzfaktoren und Ressourcen 132

6 Ein »gelingendes« Leben als trans, bi- und homosexueller junger Erwachsener 143

Literatur 152

Stichwortverzeichnis 163

Vorwort

Ein Buch über die bi- und homosexuellen Orientierungen und die Transgeschlechtlichkeit bei Kindern, Jugendlichen und jungen Erwachsenen mag für manche Leserinnen und Leser kein besonders dringliches Thema sein. Dreht sich in der Gegenwart in den Medien nicht schon enorm viel um die Sexualität mit ihren verschiedenen Spielarten? Bedeutet die Publikation eines Buches wie des vorliegenden in diesem Fall nicht lediglich, einem modischen Trend zu folgen?

Dies scheinen auf den ersten Blick berechtigte kritische Einwände zu sein. Bei genauerer Betrachtung zeigt sich aber, dass in den Medien zwar viel die Rede von sexuellen Orientierungen und von Geschlechtlichkeit ist. Diese Themen sind aber oft in reißerischer, eher oberflächlicher Form aufbereitet und betreffen nicht die tieferen emotionalen Schichten der Menschen, über die berichtet wird.

Hinzu kommt, dass das Thema Sexualität in der psychotherapeutischen Fachliteratur zwar im Rahmen von Darstellungen der menschlichen Entwicklung diskutiert wird. Es geht dabei aber fast ausschließlich um die heterosexuelle Orientierung und die für die Majorität der Gesellschaft geltende Cisidentität[1], d. h. die Identität entspricht der nach der Geburt erfolgten Geschlechtszuweisung. Alle anderen sexuellen Orientierungen und Varianten der Geschlechtsentwicklung hingegen

---

1 Ich werde in diesem Buch die Schreibweise Leser*innen, Therapeut*innen etc. verwenden, wobei das Sternchen als Platzhalter fungiert und übergreifend alle Geschlechter, auch die nicht-binären, bezeichnet. Außerdem verwende ich, entsprechend den aktuellen Gepflogenheiten, cis und trans als Adjektive, es sei denn, sie wären Teil eines Substantivs. Die Pluralformen von Identitäten und Orientierungen sollen darauf hinweisen, dass wir es innerhalb jeder Kategorie jeweils mit einem weiten Spektrum zu tun haben.

werden höchstens als »Abweichungen von der Norm« und damit häufig als »pathologisch« wahrgenommen und diskutiert.

Mit einer solchen verengten Sicht werden wir den verschiedenen Varianten der menschlichen Sexualität und Identität jedoch in keiner Weise gerecht. Es gilt vielmehr, die Fülle von Orientierungen und Identitäten wahrzunehmen und deren Bedeutung gerade im Hinblick auf die Entwicklung von Kindern und Jugendlichen zu würdigen. Dazu gehört neben der heterosexuellen Orientierung und der Cisidentität auch die vorurteilsfreie Auseinandersetzung mit den davon abweichenden Orientierungen und Identitäten.

Aus diesem Grund haben mich die Herausgeber*innen der Reihe »Psychodynamische Psychotherapie mit Kindern, Jugendlichen und jungen Erwachsenen« gebeten, das vorliegende Buch zu schreiben. Wir haben miteinander überlegt, ob auch das Thema »Regenbogenfamilien« in diesem Buch Platz fände. Gemeinsam haben wir aber beschlossen, dass dieses wichtige Thema nicht nur am Rande behandelt werden sollte, sondern ein eigenes Buchprojekt benötigt. Es passt auch letztlich nicht in den Kontext des vorliegenden Buches, da die in Regenbogenfamilien aufwachsenden Kinder ja mehrheitlich heterosexuell sind.

Das erste Kapitel ist der Frage gewidmet, wie die sexuellen Orientierungen und die Transgeschlechtlichkeit entstehen (▶ Kap. 1). Es wird sich – vielleicht zum Erstaunen etlicher Leser*innen – zeigen, dass wir auf diese Frage kaum Antworten haben. Umso wichtiger ist es aber, dass wir uns mit diesen Entwicklungsprozessen auseinandersetzen, wenn es um Kinder und Jugendliche geht.

Es ist bekannt, dass Heranwachsende, die vom Mainstream abweichen, sich selbst oft als »anders« als ihre Peers erleben. In welchen Lebensbereichen und in welchen Formen sich dieses »Anderssein« präsentiert, werde ich in Kapitel 2. diskutieren. Die theoretischen Ausführungen werden hier wie auch in den anderen Kapiteln durch kasuistische Beispiele veranschaulicht. Dabei habe ich aus Diskretionsgründen jeweils Elemente aus den Biografien und Lebensumständen verschiedener Kinder und Jugendlicher und ihrer Familien zu kasuistischen Beispielen zusammengefügt, so dass eine Identifikation bestimmter realer Personen nicht möglich ist (▶ Kap. 2).

Das »Anderssein« in Form der Abweichung hinsichtlich der sexuellen Orientierungen und der Identitäten vom Mainstream hat allerdings für die betreffenden Heranwachsenden und ihre Familien negative, mitunter sogar verhängnisvolle Folgen. Diesen Folgen ist das Kapitel 3. gewidmet (▶ Kap. 3).

Die heutige Welt ist, insbesondere für Kinder und Jugendliche, kaum noch vorstellbar ohne das Internet und die Social Media. Gerade für die Heranwachsenden, um die es in diesem Buch geht, spielt das Internet mit seinen Blogs und Foren eine wichtige Rolle. In Kapitel 4. werde ich aufzeigen, dass diese virtuelle Welt für sie Segen und Fluch zugleich ist (▶ Kap. 4).

Im Alltag treffen wir in Kindertagesstätten und Schulen, in den Familien und in den verschiedenen anderen Kontexten zwar zumeist mit psychisch gesunden Kindern und Jugendlichen mit homosexuellen Orientierungen und Transgeschlechtlichkeit zusammen. Die in therapeutischen Berufen Arbeitenden haben es jedoch häufig mit einem anderen Segment, nämlich mit Heranwachsenden mit psychischen Störungen der verschiedensten Art und Ätiologie zu tun. Die bei diesen Kindern und Jugendlichen einzusetzenden therapeutischen Interventionen werde ich in Kapitel 5. darstellen. Dabei werde ich die Voraussetzungen diskutieren, die für konstruktive therapeutische Interventionen bei ihnen notwendig sind, werde auf die Behandlung von Heranwachsenden mit psychischen Störungen im engeren Sinne eingehen und werde darstellen, wie wichtig es gerade bei diesen Heranwachsenden ist, ein breiteres Umfeld mit in die Behandlung und Begleitung einzubeziehen (▶ Kap. 5). Zu den therapeutischen Interventionen gehören schließlich auch die Suche und Aktivierung von Ressourcen und Resilienzfaktoren.

Die kindliche Entwicklung mündet in die Adoleszenz und das Erwachsenenleben. An diesem Punkt stellt sich die Frage, ob und wie es Kindern, Jugendlichen und jungen Erwachsenen mit von der Majorität abweichenden sexuellen Orientierungen und Identitäten gelingen kann, ein befriedigendes, selbstbestimmtes Leben zu führen. Es geht dabei um Selbstakzeptanz und das, was auch als Gay- und Transpride, als Stolz auf die eigene Orientierung und Geschlechtlichkeit, bezeichnet wird (▶ Kap. 6).

Das vorliegende Buch richtet sich nicht nur an Fachleute aus therapeutischen und pädagogischen Berufen. Es möchte daneben auch Eltern, junge Erwachsene und generell Menschen erreichen, die sich mit den Fragen nach den sexuellen Orientierungen und nach dem Wesen der Geschlechtsentwicklung auseinandersetzen wollen. Vielleicht regt es auch zu fruchtbaren Diskussionen zwischen den Generationen an.

Basel, im Sommer 2020 Udo Rauchfleisch

1 Wie entstehen die sexuellen Orientierungen und die Geschlechtlichkeiten?

1.1 Die Ausgangslage

Die Fragen nach dem »Wie« und »Warum« sind Fragen, die bei den verschiedensten Themen nicht nur den wissenschaftlichen Diskurs prägen, sondern die auch in privaten Gesprächen und in den Medien immer wieder auftauchen. Interessant – und für das Thema dieses Buches wichtig – ist dabei, dass diese Fragen im Allgemeinen nur bei den Themen gestellt werden, die ungewöhnlich oder fremdartig erscheinen. Bei Themen und Phänomenen hingegen, die als »selbstverständlich« betrachtet werden, tauchen Fragen nach dem »Wie« und »Warum« praktisch nicht auf.

Im Hinblick auf die Geschlechtsentwicklung und die sexuellen Orientierungen bedeutet dies, dass die Entwicklung der Cisgeschlechtlichkeit, d. h. der Nicht-Transgeschlechtlichkeit (s. u.), und der Heterosexualitäten im Allgemeinen auch im wissenschaftlichen Bereich nicht diskutiert werden. Sie werden in unserer von der Cis- und der Heteronormativität geprägten Gesellschaft als »normal« und »selbstverständlich« betrachtet, und es finden sich dazu auch keine Forschungsbefunde. Hingegen sind die davon abweichenden Entwicklungen wie die Transgeschlechtlichkeit und die Homo- und Bisexualitäten Gegenstand vieler Untersuchungen und werden zum Teil sehr kontrovers diskutiert.

Gerade im Umgang mit Kindern und Jugendlichen liegt es nahe, sich Gedanken über die Entwicklung dieser Phänomene zu machen. In diesem Fall müssen wir jedoch das *ganze Spektrum* ins Auge fassen, d. h. wir müssen die Cis- ebenso wie die Transgeschlechtlichkeiten und die

Homo- und Bisexualitäten ebenso wie die Heterosexualitäten berücksichtigen.

An diesem Punkt der Diskussion sehen wir uns unverhofft mit einem Problem konfrontiert: Wie erwähnt, sind zwar verschiedene Theorien und Hypothesen zur Entwicklung der Transgeschlechtlichkeit und der Homo- und Bisexualitäten entwickelt worden. Die Fragen nach dem »Wie« und »Warum« der Cisgeschlechtlichkeit und der Heterosexualitäten sind jedoch ein weißer Fleck auf der wissenschaftlichen Landkarte. Es ist deshalb notwendig, aus den uns vorliegenden Hypothesen aus verschiedenen Wissenschaftszweigen die wichtigsten und am plausibelsten erscheinenden Aspekte herauszudestillieren und auf dieser Grundlage ein mehr oder weniger konsistentes Konzept zu formulieren.

Mit dieser vorsichtigen Formulierung möchte ich darauf hinweisen, dass uns über die Entwicklung der Geschlechtlichkeit und der sexuellen Orientierungen keine wirklich verlässlichen, evidenzbasierten Befunde vorliegen. Wir bewegen uns hier lediglich auf dem Terrain von Hypothesen. Ich beziehe mich im Folgenden unter anderem auf die Konzepte von Stoller (1968), Reiche (1997), Mertens (1992) und Ermann (2019) sowie auf verschiedene eigene Publikationen (2011, 2016, 2019a, 2019b).

1.2 Zur verwendeten Terminologie

An dieser Stelle sei noch auf einige terminologische Probleme hingewiesen. In der Fachliteratur ebenso in den Stellungnahmen der LGBTIQ*-Community[2] werden unterschiedliche Begriffe mit je spezifischem Bedeutungsgehalt verwendet und – mitunter vehement – abgelehnt oder verteidigt. Dies gilt beispielsweise für den *Identitätsbegriff*.

Es ist den Kritiker*innen zuzustimmen, die bemängeln, dass der Identitätsbegriff mit sehr unterschiedlichen Bedeutungen verwendet

---

2 lesbisch, schwul (gay), bisexuell, trans, intergeschlechtlich, queer

wird. So weichen die Identitätskonzepte, wie sie in der Philosophie, in der Mathematik, im rechtlichen Kontext und in der Psychologie (als Ich-Identität) verwendet werden, erheblich voneinander ab (Benedetti & Wiesmann, 1986). Zudem ist die Identität auch im psychologischen Bereich keine klar umrissene Persönlichkeitseigenschaft, zumal sie von verschiedenen Autor*innen unterschiedlich definiert wird. Sie weist vielmehr einen *prozesshaften Charakter* auf und kann aus diesem Grund weniger eindeutig beschrieben werden.

Eine Konsequenz dieser zum Teil erheblich voneinander abweichenden Bedeutungen des Identitätsbegriffs ist, dass die interdisziplinäre Kommunikation darunter leidet. Ein aktuelles politisches Beispiel ist der – bedauerliche – Entscheid des Schweizer Bundesrats (aus dem Jahr 2019), Menschen mit Transgeschlechtlichkeit nicht in das neue Antidiskriminierungsgesetz aufzunehmen, da es bei ihnen um die Identität gehe, die aber nicht eindeutig definierbar sei.

Im Vorwort der Publikation einer interdisziplinären Ringvorlesung an der Universität Basel zum Thema Identität unterscheidet Benedetti (1986, S. 7) bei der *Ich-Identität* eine *vertikale und eine horizontale Linie*.

> »Auf der vertikalen Linie findet Ich-Identität als Integration von entwicklungsbedingten Ich-Zuständen statt, die im unbewussten und bewussten Gefühl des Selbst, des Person-Seins verdichtet werden und manchmal in herausfordernden lebensgeschichtlichen Momenten in die helle Erkenntnis münden: ›Das bin ich!‹ ›Das will ich sein!‹«

Auf der horizontalen Linie der Ich-Identität werden »verschiedene, auch gleichzeitige soziale Rollen im einheitlichen Selbstgefühl und im Bild, das die Sozietät von uns entwirft, integriert. Diese horizontale Linie verbürgt die Befriedigung der Ansprüche verschiedener Rollen, in denen die Person sich erfüllt« (Benedetti, 1986, S. 7).

Einen wesentlichen Beitrag in der psychologischen Auseinandersetzung mit der Ich-Identität hat Erikson (1966) geleistet. Für Erikson bedeutet die sich in Stufen lebenslang entwickelnde Ich-Identität, sich einem Kollektiv zugehörig zu fühlen und sich dabei zugleich als einmaliges Individuum zu wissen. Es ist das, was Kohut (1973) als »Selbst« bezeichnet hat, als Kern unserer Persönlichkeit, der durch die Interaktion zwischen Eltern und Kind geformt wird. In einem ähnlichen Sinne spricht Mead (1968) davon, dass die Bildung der Identität von den sozialen Interaktionen über Sprache und andere Mittel der Kommunikation abhängt.

Wie diese Umschreibungen der Ich-Identität zeigen, besteht trotz etlicher Divergenzen zwischen den verschiedenen Sichtweisen der Autor*innen insofern doch Einigkeit, dass die von Benedetti (1986) beschriebene vertikale (psychologische) und die horizontale (soziale) Dimension in enger Wechselwirkung miteinander stehen. Die eine ist ohne die andere nicht denkbar.

Das Resultat dieser Interaktion ist die Ich-Identität, in der sich die verschiedenen Facetten der Persönlichkeit zu einer *Ganzheit* zusammenfügen und dem Individuum trotz aller Veränderungen im Verlauf des Lebens das Gefühl der *Kohärenz* und *Konsistenz* in Bezug auf die eigene Person vermitteln. Bei der Entstehung der Ich-Identität ist die erwähnte Wechselwirkung zwischen dem Individuum und seinen Bezugspersonen von zentraler Bedeutung. Es ist das dialogische Prinzip, das der jüdische Religionsphilosoph Martin Buber (1936) mit dem Hinweis umschrieben hat, dass wir am Du zum Ich werden.

Kritik am Identitätsbegriff ist von verschiedenen Seiten formuliert worden. Es sind vor allem Autor*innen, die eine *somatische* Ätiologie der Entwicklung von cis, trans und anderen Formen der Geschlechtlichkeit postulieren. Nach ihrer Ansicht ist der Begriff »Identität« zu schwammig, ihm fehle die Evidenzbasierung, und er ist ihnen zu stark mit Pathologiekonzepten assoziiert. Zu dieser negativen Konnotation hat wesentlich die ICD-Formulierung »Störungen der Geschlechts*identität*« mit der darunter subsumierten Diagnose »Transsexualismus« beigetragen. Kritische Äußerungen dieser Art kommen zum Teil auch aus der LGBTIQ*-Community.

Aus diesem Grund ist der Transsexualismus aus *neurowissenschaftlicher Perspektive* als eine Form hirngeschlechtlicher Intersexualität, als »neurointersexuelle Körperdiskrepanz« (Diamond, 2006, 2016; Haupt, 2016), beschrieben worden. In einer neueren Arbeit hat Haupt (2019) diese Auffassung weiter differenziert und sich von der Bezeichnung der Neurointersexualität distanziert. Die Autorin verwendet nun den allgemeineren Begriff der »*Geschlechtsentwicklung*«, wobei sie vier Varianten unterscheidet:

- (überwiegend) männliche Varianten (frühere Begriffe: Transmänner, Frau-zu-Mann, transsexuelle Männer, männliche Transgender usw.),
- (überwiegend) weibliche Varianten (frühere Begriffe: Transfrauen, Mann-zu-Frau, transsexuelle Frauen, weibliche Transgender usw.),
- alternierende Varianten (frühere Begriffe: Bigender, Gender fluid, partiell Cross Dresser usw.),
- gemischt-manifeste Varianten (Früherer Begriff: non binär).

Mit diesem Konzept möchte die Autorin die bisher weit verbreiteten Pathologiekonzepte vermeiden und an die für die Betreffenden selbst relevante subjektive Phänomenologie anknüpfen. Der Vorteil des Begriffs der »Geschlechtsentwicklung« ist, dass er sich außerhalb der Pathologiekonzepte bewegt.

Bei der Arbeit an diesem Buch war ich zur Überzeugung gekommen, es sei günstig, diesen vorurteilsfreien Begriff der »Varianten der Geschlechtsentwicklung« zu übernehmen. Nach reiflicher Überlegung habe ich mich nun aber doch entschlossen, diesen Begriff nicht zu verwenden, da er schon für ein anderes Phänomen, nämlich für Menschen mit *Intergeschlechtlichkeit*, vergeben ist (Deutsche Gesellschaft für Urologie, 2016). Ihn hier in einem anderen Sinne zu verwenden, würde unweigerlich zu Konfusionen geführt haben.

Auf der Suche nach einem anderen Begriff, der möglichst vorurteilsfrei ist und sowohl die körperliche als auch die psychische Dimension berücksichtigt, bin ich auf den Begriff der »Transgeschlechtlichkeit« gestoßen, der immer wieder in der Diskussion um »Transsexualismus«, »Transgender«, »Transidentität«, »genderqueer« etc. auftaucht. Ich werde ihn deshalb in diesem Buch verwenden, weil er mir am besten geeignet erscheint, darauf hinzuweisen, dass das Phänomen »Trans« die *Person als Ganze, körperlich wie psychisch*, betrifft.

Gleichwohl werde ich in diesem Buch neben dem Begriff der Transgeschlechtlichkeit auch den der Identität verwenden. Im Sinne der erwähnten körperlich-seelischen Ganzheit stellen diese Begriffe für mich keinen Widerspruch dar. Vielmehr betrachte ich sie als *zwei Aspekte desselben Phänomens*, wobei einmal die psychologische Ebene (Identität) und einmal die somatische Ebene (Geschlechtlichkeit) thematisiert wird.

Wie meine Ausführungen über die verschiedenen Konzepte der Identität gezeigt haben, ist auch dieser Begriff, ebenso wie der der Transgeschlechtlichkeit, im Grunde wertfrei und nicht vorurteilsbeladen. Er hat seine negative Konnotation erst durch die ICD-Diagnose der »Störung der Geschlechtsidentität« (F 64.0) erhalten. Im Folgenden verwende ich »Identität« hingegen im Sinne der zitierten psychologischen Autor*innen, die von der Ich-Identität sprechen, die den Kern unserer Persönlichkeit, das Selbst, bildet und zu Kohärenz und Konsistenz der Persönlichkeit führt.

1.3 Ein Modell der Geschlechtsentwicklung und der Entwicklung der sexuellen Orientierungen

Mit Ermann (Ermann, 2019) können wir die Geschlechtsentwicklung und die Ausbildung der sexuellen Orientierungen als einen stufenweisen Entwicklungsprozess verstehen. An seinem Ursprung steht die *Protogeschlechtsidentität* (Reiche, 1997) als eine schon von Geburt an bestehende »unbestimmte Ahnung der Geschlechtlichkeit« (Ermann, 2019, S. 15), eine Grundbereitschaft des Menschen, sich sexuell zu fühlen.

Im Grunde ist bei diesem Begriff der zweite Teil des Wortes, »Identität«, meines Erachtens überflüssig und in Anbetracht der oben diskutierten terminologischen Probleme irreführend. Es geht hierbei ja nicht um einen Identitätsanteil im psychologischen Sinne, sondern, wie Ermann (2019, S. 15) es beschreibt, um eine Grundbereitschaft des Menschen, sich sexuell zu fühlen und, so müssen wir wohl ergänzen: sexuell zu *sein*. Aus diesem Grunde erscheint es mir besser und zutreffender, von »*Protogeschlechtlichkeit*« zu sprechen.

Eine solche Sicht steht auch in weitgehender Übereinstimmung mit den oben zitierten neurowissenschaftlichen Ansätzen (vgl. Haupt, 2019). Ich werde im Folgenden deshalb diesen Begriff verwenden. Worauf die Protogeschlechtlichkeit beruht, ist nach Ermann (2019, S. 15) bis heute nicht sicher bekannt. Es kommen genetische, hormonelle und hirnorganische Determinanten in Betracht sowie unbekannte psychologische und soziale Einwirkungen, die bereits in die vorgeburtliche Zeit zurückreichen.

Auf der Grundlage der Protogeschlechtlichkeit baut sich im Verlauf der Entwicklung das auf, was wir mit Mertens (1992) als »Bausteine« der *sexuellen Identität* bezeichnen können. Es sei an dieser Stelle noch einmal ausdrücklich darauf hingewiesen, dass mit »Identität« hier eine Kerndimension der Persönlichkeit gemeint ist, die dem Individuum das Erleben von Kohärenz und Konsistenz vermittelt.

Eine zentrale Dimension dabei ist die *sexuelle Kernidentität (core gender identity)*,

> »das primordiale, bewusste und unbewusste Erleben (…), entweder ein Junge oder ein Mädchen bezüglich seines biologischen Geschlechts (im Englischen »sex« im Unterschied zu »gender«) zu sein. Sie entwickelt sich aufgrund des komplexen Zusammenwirkens von biologischen und psychischen Einflüssen ab der Geburt des Kindes, wenn die Eltern mit ihrer Geschlechtszuweisung zumeist geschlechtsrollenstereotyp auf ihre Kinder als Junge oder Mädchen reagieren, und ist gegen Ende des zweiten Lebensjahres als (relativ) konfliktfreie Gewissheit etabliert« (Mertens, 1992, S. 24).

Dieses Konzept von der sexuellen Kernidentität bedarf indes aus meiner Sicht einer Ergänzung: Die Formulierung, das Kind sei sich früh der Tatsache gewiss, ein Junge *oder* ein Mädchen zu sein, ist von der in unserer Gesellschaft herrschenden Vorstellung von der Binarität der Geschlechter geprägt. Tatsächlich jedoch müssen wir auch innerhalb der sexuellen Kernidentität sicher von einem größeren Spektrum von Varianten der Geschlechtsentwicklung ausgehen, z. B. genderqueer, agender, gender-fluid etc.

Im Hinblick auf die *Entwicklung von Menschen mit einer Transgeschlechtlichkeit* habe ich in meiner inzwischen 50-jährigen Beschäftigung mit diesem Thema und der Begutachtung, Therapie und Begleitung von trans Menschen diverse somatische und psychologische Theorien und Konzepte zur Ätiologie kommen und gehen sehen. Dabei hat sich keines von ihnen letztlich als gültiges Erklärungsmodell erwiesen (Literatur s. Rauchfleisch, 2016). Diese Hypothesen haben eher zur Stigmatisierung und Pathologisierung von trans Menschen geführt.

1 Wie entstehen die sexuellen Orientierungen und die Geschlechtlichkeiten?

Einen weiteren »Baustein« der sexuellen Identität stellen die *Geschlechtsrollen* dar (*Geschlechtsrollen-Identität, gender role identity*). Sie zeichnen sich durch ein höheres symbolisch-sprachliches Niveau aus und bilden das »Insgesamt der Erwartungen an das eigene Verhalten wie auch an das Verhalten des Interaktionspartners bezüglich des jeweiligen Geschlechts« (Mertens, 1992, S. 47). Es sind mehrheitlich Inhalte aus der frühen Sozialisation, die bewusstseinsfähig sind und vor allem von kulturspezifischen Vorschriften und Normen darüber bestimmt werden, was im Zusammenhang mit dem biologischen Geschlecht als »männlich« oder »weiblich« erwünscht oder unerwünscht ist.

Trotz mancher Veränderungen in den Geschlechtsrollen werden diese in unserer Gesellschaft nach wie vor zumeist *dichotom* gedacht. Bei einer differenzierten Betrachtung der Geschlechtsentwicklung müssen wir jedoch auch bezüglich der Geschlechtsrollen-Identität von einer Vielfalt an Varianten ausgehen.

Die dritte Komponente der sexuellen Identität ist die *sexuelle Orientierung, die Geschlechtspartner*innen-Orientierung (sexual partner orientation)*, die sich auf das bevorzugte Geschlecht der Geschlechts- und Liebespartner*innen bezieht. Auch die Geschlechtspartner*innen-Orientierungen müssen wir, wie die sexuelle Kernidentität, über die allgemein übliche Dreiteilung (Hetero-, Bi- und Homosexualitäten) hinaus erweitern, indem wir diese drei Formen je als Kristallisationspunkte einer Vielzahl von Orientierungen betrachten und daneben auch pansexuelle, asexuelle, objektsexuelle, metrosexuelle und andere Varianten in unsere Betrachtung einbeziehen.

Die Geschlechtspartner*innen-Orientierung ist das Resultat einer Vielzahl von Einflüssen: Sie basiert auf der sexuellen Kernidentität, wird durch die verinnerlichten Geschlechtsrollen (zu denen unter anderem auch die verschiedenen Vorstellungen bezüglich Homo-, Bi- und Heterosexualitäten gehören) determiniert und wird geprägt durch die Erfahrungen, die das Kind mit den Eltern macht, sowie durch das Modell, das die Eltern ihm von ihrem Umgang miteinander als Frau und Mann bieten. Von großer Bedeutung sind schließlich auch die erotischen und sexuellen Fantasien, die in der späteren Kindheit und in der Adoleszenz dazu führen, dass die Jugendlichen deutlich ihre sexuelle

Orientierung spüren und sich im Rahmen ihrer Identitätsentwicklung als hetero-, bi- oder homosexuell definieren.

Noch nicht beantwortet ist bei dieser Schilderung indes die Frage nach der spezifischen »Weichenstellung« (Morgenthaler, 1987), d. h. warum die Orientierung sich einmal in Richtung Heterosexualitäten, ein anderes Mal in Richtung Bisexualitäten und ein wiederum anderes Mal in Richtung Homosexualitäten entwickelt. Ausgehend von den psychoanalytischen Überlegungen Morgenthalers (1987) und Gissraus (1989, 1993) habe ich 1994 versucht, eine Theorie der Entwicklung homosexueller und bisexueller Menschen zu entwerfen. Obschon mich diese Überlegungen nie wirklich überzeugt haben – dafür spricht auch, dass ich dieses Kapitel in meinem erwähnten Buch über alle vier Auflagen hin nicht verändert habe –, sollen sie hier kurz resümiert werden, um zu zeigen, dass sie uns zwar einige interessante Hypothesen bieten, uns letztlich aber keine verbindliche Antwort auf die Frage nach den Ursachen der »Weichenstellungen« zu den verschiedenen sexuellen Orientierungen zu geben vermögen.

Im Anschluss an Morgenthaler (1987) habe ich innerhalb der Entwicklung vom Kleinkind zum Erwachsenen drei wichtige Stationen unterschieden, die für die schwule und die heterosexuelle Orientierung von zentraler Bedeutung sind. Die erste Station liegt in der narzisstischen Entwicklung der frühen Kindheit und beinhaltet die Entstehung des Selbstbildes. Die zweite wichtige Weichenstellung erfolgt in der ödipalen Phase mit den in dieser Zeit typischen Auseinandersetzungen mit den wichtigsten Personen der Kindheit. Die dritte Station liegt in der Pubertät und reicht über die Adoleszenz bis ins Erwachsenenalter.

Die Aufgabe der *frühen Kindheit* ist die Ausbildung der oben beschriebenen *Identität*, in der sich die verschiedenen Facetten der Persönlichkeit zu einer Ganzheit zusammenfügen. Damit hängt eng eine zweite Aufgabe zusammen, nämlich die der Abgrenzung der eigenen Person von anderen Menschen, mit dem Ziel, *Autonomie* zu erlangen. Dabei geht es um die Fähigkeit, selbstständig entscheiden und handeln zu können.

Morgenthaler (1987) ist der Ansicht, dass je nach den lebensgeschichtlichen Erfahrungen, die das Kind in der Frühzeit seiner Entwicklung macht, entweder das Streben nach *Autonomie* oder das Bedürfnis, die *Identität* zu stärken, größer ist. Beide Entwicklungswege bewegen sich gleichermaßen im Bereich der psychischen Gesundheit. Es sind »normale«, die weitere Entwicklung stabilisierende Maßnahmen, mit deren Hilfe das Kind pathologische Entwicklungen zu vermeiden vermag.

Das Spezifische in der Entwicklung des *schwulen Mannes* sieht Morgenthaler in der *Betonung des Bedürfnisses nach Autonomie*. Wann immer im Erleben dieser Kinder und der späteren Erwachsenen Gefühle von Insuffizienz, Enttäuschungen und emotionalen Belastungen auftreten, »retten« und regulieren sie ihr innerseelisches Gleichgewicht durch ein verstärktes Streben nach Autonomie. Dies ist nach Morgenthaler in der frühen Kindheit eng gebunden an *autoerotische Aktivitäten*. Mit Hilfe der Autoerotik vermögen diese Kinder Störungen ihres seelischen Gleichgewichts und den in solchen Situationen drohenden Autonomieverlust zu verhindern. Die enge Beziehung zwischen Autoerotik und Autonomiestreben bleibt, so Morgenthaler, lebenslang erhalten und führt dazu, dass sich auch die sexuellen Interessen (Geschlechtspartner*innen-Orientierung) später verstärkt auf die eigene Person und auf Partner des gleichen Geschlechts richten.

Im Unterschied zu dieser Entwicklungslinie sind die *heterosexuellen Männer* Persönlichkeiten, die in ihrem Selbstbild dem Identitätsbewusstsein und dem Identitätsgefühl Priorität einräumen.

> »Sie orientieren sich nach polaren Gegensatzpaaren, um genau zu spüren und zu wissen, wer sie sind. Auch Homosexuelle haben das Bedürfnis zu spüren und zu wissen, wer sie sind, doch erst in zweiter Linie. Ihr Identitätsbewusstsein kann unscharf begrenzt sein, ohne dass sie dadurch verunsichert werden. Auch Heterosexuelle besetzen ihre innere und äußere Autonomie, doch selten so weit, dass ihre Identität dadurch in Frage gestellt wird. Sie können sich gelassener in Abhängigkeit begeben, weil sie, in dieser Hinsicht, weniger konfliktanfällig sind als Homosexuelle« (Morgenthaler, 1987, S. 88–89).

Als charakteristische Entwicklungslinie der *lesbischen Frau* postuliert Gissrau, dass für diese Frauen eine sie prägende Erfahrung in der frühen Kindheit das Erleben des »erotischen Blicks ihrer Mutter« ist, »den sie als lustvolles affektives Interaktionsmuster internalisieren« (Gissrau, 1993, S. 317). Die Mütter von später lesbisch empfindenden Frauen können sich, gemäß Gissrau, in der präverbalen Entwicklungsphase ihrer

Kinder den erotischen Genuss am Stillen, Wickeln, Baden, Einreiben gestatten, wodurch es frühzeitig zu einer erotischen Stimulierung der Töchter komme. Es sei aber auch denkbar, dass die Mütter durch ihre sie erotisch ansprechenden Babys entsprechend stimuliert worden seien. Auf jeden Fall ist nach Gissrau die erste Weichenstellung in Richtung der lesbischen Entwicklung »das Ausmaß an erotischer Anerkennung, das die Mutter in ihren Interaktionen während der ersten Lebensjahre zulassen kann« (Gissrau, 1993, S. 317).

Bei Verwendung der Konzepte von Morgenthaler und Gissrau für die Erklärung der Entwicklung *bisexueller Menschen* müssen wir vermuten, dass diesen Kindern die *Bedürfnisse nach Identität und Autonomie in gleicher Weise wichtig* sind. Durch die in unserer Gesellschaft dominierenden Heterosexualitäten tritt im Erleben bisexueller Jugendlicher und junger Erwachsener im Allgemeinen zuerst die heterosexuelle Komponente ins Bewusstsein und erst später das gleichgeschlechtliche Begehren.

Obschon von anderen theoretischen Grundannahmen ausgehend, finden sich doch ähnliche, die bisherigen Ausführungen ergänzende Überlegungen bei einigen Autor*innen der Analytischen Psychologie von C. G. Jung. So hat Hopcke (1991) den Versuch unternommen, im Rahmen der Analytischen Psychologie ein Modell zum Verständnis lesbischer, schwuler, bisexueller und heterosexueller Entwicklungen zu formulieren. Hopcke sieht die sexuelle Entwicklung als Resultat eines je individuellen Zusammenwirkens der drei Archetypen der *Anima*, des *Animus* und des *Androgynen*.

Für Hopcke liegt das Spezifische der lesbischen und schwulen Entwicklung darin, dass es bei diesen Orientierungen um eine komplexe Interaktion der drei genannten archetypischen Konfigurationen geht, wobei dem Androgynen eine synthetisierende Funktion zukommt. Die lesbische und schwule Entwicklung stellen ein harmonisches (gesundes) Zusammenspiel dar, in dem Animus und Anima zusammen mit dem hermaphroditischen Selbst, der androgynen Ganzheit, in je individueller Weise durch die körperliche und emotionale Verbindung mit einer anderen Frau bzw. mit einem anderen Mann aktualisiert und gelebt werden.

Bei einer *kritischen Auseinandersetzung* mit den psychodynamischen Entwicklungstheorien, wie Gissrau, Morgenthaler und Hopcke sie formuliert haben, stellen sich zumindest zwei Fragen:

1 Wie entstehen die sexuellen Orientierungen und die Geschlechtlichkeiten?

Zum einen bleibt in den skizzierten Konzepten die Frage unbeantwortet, *warum* im Sinne Morgenthalers die einen Kinder der Identität Priorität einräumen, während die anderen Kinder der Autonomie eine besondere Bedeutung beimessen. Es bleibt auch offen, wie die »Weichenstellungen« zustande kommen. Die gleiche Frage stellt sich beim Konzept von Hopcke, nämlich wie es zu dem spezifischen Zusammenspiel der drei archetypischen Konfigurationen kommt.

Vermutlich müssen wir hinsichtlich der Ätiologie der sexuellen Orientierungen der *biologischen Dimension in Gestalt eines genetischen Faktors* einen Einfluss beimessen. Wie groß dieser Einfluss ist und wie er genetisch zustande kommt, ist aber nach wie vor unbekannt. Eine neuere große genetische Studie zeigt (Price, 2018), dass das sexuelle Verhalten des Menschen ein höchst komplexes Phänomen ist und die in dieser Studie identifizierten Genvarianten nur einen Bruchteil, nämlich weniger als ein Prozent, des sexuellen Verhaltens erklären.

Zum anderen kann man sich fragen, ob die Betonung der Identität oder der Autonomie *nicht Ursache, sondern Folge* der vom Kind gespürten gleichgeschlechtlichen Orientierung ist. Gissrau deutet diese Möglichkeit an, wenn sie darauf hinweist, dass bei dem engen Ineinandergreifen des mütterlichen und des kindlichen Verhaltens denkbar ist, dass die erotische Stimulation möglicherweise nicht von den Müttern ausgegangen ist, sondern die Mütter durch ihre sie erotisch ansprechenden Babys entsprechend stimuliert worden seien und auf die Kinder reagiert hätten.

Wir finden eine ähnliche Interaktion auch zwischen trans Kindern und ihren Eltern. In Fällen, in denen beispielsweise die Mütter das nicht-geschlechtsrollenkonforme Verhalten ihrer Kinder geduldet und unter Umständen sogar gefördert haben, ist ihnen immer wieder vorgeworfen worden, sie hätten ihre Kinder manipuliert. Die Realität ist nach meiner Erfahrung häufig umgekehrt: Diese Mütter haben früh gespürt, dass ihr Kind sich nicht dem ihm bei Geburt zugewiesenen Geschlecht zugehörig fühlte, und haben darauf – in einfühlsamer und entwicklungsfördernder Weise – mit einer Unterstützung hinsichtlich des vom Kind gewünschten Rollenverhaltens reagiert.

Obschon sich, wie dargestellt, mit Hilfe der psychoanalytischen Theorie die Frage nach der Ätiologie der Geschlechtsentwicklung und der sexuellen Orientierungen nicht in befriedigender Weise beantworten lässt, lassen sich mit den psychodynamischen Konzepten doch einige Aspekte herausarbeiten, die für den Umgang mit homo-, bi- und trans Kindern und für therapeutische Interventionen von Bedeutung sind.

Das erste Phänomen ist die von Isay (1990) erwähnte *Enttäuschung des Kindes am gleichgeschlechtlichen Elternteil*, an die wir in der Entwicklung von Menschen mit gleichgeschlechtlichen Orientierungen denken müssen. Der Autor hat in Psychotherapien beobachtet, dass die schwulen Patienten oft davon berichtet haben, dadurch enttäuscht, gekränkt und mitunter auch tief verletzt worden zu sein, dass sie vom gleichgeschlechtlichen Elternteil Ablehnung erfahren hätten. Dies ist dadurch erklärbar, dass der heterosexuelle Elternteil die erotischen Wünsche des Kindes im Allgemeinen nicht in der vom Kind erwarteten Form beantworten kann (▶ Kap. 5.3).

Dies scheint vor allem die Dynamik zwischen Vätern und *schwulen Söhnen* zu prägen. Die Ablehnung, die der Sohn von einem solchen Vater erfährt, erfolgt häufig indes nicht nur in Form eines Stumm-Bleibens im Hinblick auf die erotischen Wünsche des Sohnes. Oft kommt dazu noch die aktive Ablehnung des Vaters, weil der Sohn nicht die vom Vater gewünschten traditionellen männlichen Rollenbilder erfüllt. Wie Gissrau (1993) beschrieben hat, gelingt es Müttern häufig offenbar besser, auf die erotischen Wünsche ihrer Töchter angemessen zu reagieren. Nach meiner Erfahrung ist es aber auch in der Psychotherapie von *lesbischen Frauen* sinnvoll, darauf zu achten, ob es solche Enttäuschungen gibt, die in der Therapie zu bearbeiten sind.

Kinder mit einer Transgeschlechtlichkeit befinden sich im Hinblick auf ihre Enttäuschungen an den Eltern im Allgemeinen in einer nochmals schwierigeren Lage. Sie haben, vor allem in der zurückliegenden Zeit, selten Eltern, die auf ihre spezielle Situation eingehen können. Wenn überhaupt sind es mitunter die Mütter, die spüren, was in ihren Kindern vor sich geht, und darauf dem Kind entsprechend reagieren. Dies bringt ihnen aber, wie oben bereits erwähnt, oft den Vorwurf ein, sie würden das trans Kind aus persönlichen Motiven manipulieren, indem sie es in eine nicht-geschlechtsrollenkonforme Rolle drängten.

Ein anderes Problem betrifft die in Bezug auf lesbische und schwule Kinder in der Öffentlichkeit, zum Teil aber auch im Fachbereich bestehende Vorstellung, der *schwule Sohn identifiziere sich mit der Mutter* und die *lesbische Tochter mit dem Vater*. Der Annahme einer solchen auch als »negativer Ödipuskomplex« beschriebenen Konstellation liegt zugrunde, dass hier die sexuelle Kernidentität (das frühe Wissen darum, weiblich oder männlich zu sein) mit den Geschlechtsrollen verwechselt wird.

Es mag sein, dass der schwule Mann manche Interessen hat, die sich sonst oft bei Frauen finden, und es mag sein, dass die lesbische Frau sich in der Kleidung und im Verhalten oft ähnlich wie ein Mann verhält. Dies ist jedoch Ausdruck der – bewusst gewählten – Rollen und hat nichts mit der sexuellen Kernidentität zu tun. Keine lesbische oder bisexuelle Frau zweifelt an ihrer Weiblichkeit, und kein schwuler oder bisexueller Mann zweifelt an seiner Männlichkeit.

Hilfreich können die psychodynamischen Konzepte auch sein, wenn es darum geht, sich ein Bild von der *Entwicklung von Menschen mit einer Transgeschlechtlichkeit* zu machen. Hier geht es nicht um die Suche nach ätiologischen Faktoren, sondern um eine Beschreibung des Weges, den trans Kinder, Jugendliche und Erwachsene durchlaufen, bis sie sich ihrer Situation bewusst geworden sind, sie akzeptiert haben und eine für sie akzeptable Lösung gefunden haben.

Ausgehend von einem von Güldenring (2009) entworfenen Phasenmodell der trans Entwicklung habe ich (Rauchfleisch, 2017) die Spezifika des Weges aufgezeigt, den Menschen mit einer Transgeschlechtlichkeit von früher Kindheit über die Jugendzeit bis ins Erwachsenenalter durchlaufen. Da die Beachtung dieser Spezifika für Beratung, Begleitung und Therapie von trans Menschen wichtig ist, seien diese Phasen hier kurz skizziert.

- Die erste Phase betrifft die *innere Wahrnehmung des trans Erlebens*. In der frühen Kindheit ist dieses Erleben für die Kinder weitgehend konfliktlos und erscheint ihnen gleichsam selbstverständlich. Je älter sie jedoch werden und je stärker damit der Einfluss der sie umgebenden Cisnormativität wird, desto mehr wird dieses Erleben für sie zu einem Problem. Dies kann zu Konflikten mit und zum Rückzug von der Umgebung führen und kann von Gefühlen von Angst, Scham und Selbstwertzweifeln begleitet sein.

- Die Folge ist in der zweiten Phase die *Ablehnung des eigenen Körpers* und dadurch bedingt ein Anstieg des Leidensdrucks der trans Person. Diese Zeit ist von Einsamkeit und von immer wieder neuen Versuchen geprägt, Kompromisse zwischen der eigenen Identität und den cisnormativen Ansprüchen der Umgebung einzugehen.
- In der dritten Phase kommt es zur *Offenbarung der Transgeschlechtlichkeit nach außen*. Je nach den Reaktionen der Umgebung kann es dabei zu diversen sozialen Konflikten und Kränkungen kommen. Diese Phase erfordert von den trans Kindern, Jugendlichen und jungen Erwachsenen große Ich-Stärke, gute soziale Kompetenzen und konstruktive Konfliktlösungsstrategien.
- In der vierten Phase stehen die *juristischen, medizinischen und psychologischen Prozesse* im Mittelpunkt. Hier geht es um psychologische und somatische Abklärungen und Beantragungen von verschiedenen Bewilligungen für allfällige körperliche Angleichungen und für juristische Schritte. In dieser Phase spüren trans Menschen in besonders quälender Weise, in welchem extremen Maß sie *fremdbestimmt* sind, da sie für jeden Schritt im Verlauf ihrer Transition Gutachten benötigen.
- Die fünfte Phase stellt die *körperliche Angleichung* mittels hormoneller Behandlung (bei jüngeren Kindern in Form einer Pubertätsblockade, später Behandlung mit gegengeschlechtlichen Hormonen) und operativer Maßnahmen dar.
- Die sechste Phase kann man als Phase der *Integration und Stabilisierung* bezeichnen. Sie beinhaltet das Angekommensein in einem Zustand der größtmöglichen Harmonie von innen und außen.

Wie dieses hier dargestellte Phasenmodell zeigt, ist der vor Kindern, Jugendlichen und Erwachsenen mit einer Transgeschlechtlichkeit liegende Weg schwierig und weist etliche Gefahrenmomente auf. Diese Besonderheiten in der Entwicklung und die dabei möglichen Gefahren müssen in Therapien und Begleitungen von trans Menschen beachtet werden. Dabei gilt es auch, darauf zu achten, wo und in welchem Ausmaß die betreffende Person Traumatisierungen erlitten hat und welche Folgen diese Verletzungen haben.

1.4 Fazit

Wie meine Ausführungen zeigen, bleibt die Frage nach der Ätiologie der sexuellen Orientierungen letztlich offen. Dies gilt für die Bi- und Homosexualitäten ebenso wie für die Heterosexualitäten. Dabei betrachte ich die drei genannten Orientierungen nicht als qualitativ distinkte Kategorien, sondern lediglich als Kristallisationskerne, Eckpunkte auf einem Kontinuum mit fließenden Übergängen.

Das Gleiche gilt nach meiner Erfahrung auch für die Cis- und die Transgeschlechtlichkeiten. Bei den *Menschen mit einer Cisgeschlechtlichkeit* entspricht das innere Bild der betreffenden Person ihre Identität, dem (biologischen) Geschlecht, dem sie nach der Geburt zugewiesen worden sind. Bei Menschen mit einer *Transgeschlechtlichkeit* hingegen entspricht das innere Bild, das sie von sich haben, ihre Identität, nicht ihrem (biologischen) Geschlecht, dem sie nach der Geburt zugewiesen worden sind.

Ein Teil der trans Personen fühlt sich – im Sinne der *binären* Auffassung der Geschlechter – dem »anderen« Geschlecht zugehörig. Ein keineswegs geringer Teil von Menschen mit Transgeschlechtlichkeit hat jedoch eine *nicht-binäre* Identität (»genderqueer«). Diese Personen können sich keinem der beiden dichotom gedachten Geschlechter, Mann *oder* Frau zuordnen, sondern empfinden sich »dazwischen«. Dies kann eine stabile Identität sein. Sie kann aber auch *gender-fluid* sein, d. h. zwischen dem weiblichen und dem männlichen Pol fluktuieren.

Was die Ätiologie der Entwicklung der Geschlechtlichkeit wie auch der Geschlechtspartner*innen-Orientierungen angeht, müssen wir zugeben, dass wir letztlich nicht wissen, wie es zu diesen Entwicklungen kommt. Wir müssen, wie oben dargestellt, davon ausgehen, dass genetische, hormonelle und hirnorganische Determinanten sowie unbekannte psychologische und soziale Einwirkungen bereits von vorgeburtlicher Zeit an eine Rolle spielen. Insofern lautet die Antwort auf die im Titel dieses Kapitels gestellte Frage nach der Entstehung der sexuellen Orientierungen und der Trans- und Cisgeschlechtlichkeiten im Rahmen der Geschlechtsentwicklung: *Wir besitzen diesbezüglich keine verlässlichen Informationen.*

Dies mag ein enttäuschendes Fazit sein. Zugleich scheint es mir aber auch wichtig, diese Tatsache und die sich daraus ergebenden Konsequenzen ernst zu nehmen, wenn es um die Geschlechtsentwicklung mit ihren verschiedenen Varianten und die sexuellen Orientierungen geht. So kann uns diese Einsicht beispielsweise davor schützen, in unzulässiger Weise eine Entwicklung, für die wir keine plausible Erklärung haben und für die keine evidenzbasierten Studien vorliegen, als etwas Pathologisches zu bezeichnen. In diesem Fall müssten wir nämlich auch die Cisgeschlechtlichkeiten und die heterosexuellen Orientierungen, deren Ätiologie wir nicht kennen, als pathologische Entwicklungen betrachten.

Obschon uns die psychodynamischen Konzepte keine Klärung bei Ätiologiefragen bringen, können sie indes hilfreich bei der Beschreibung des Entwicklungsweges sein, den homo-, bi- und trans Kinder und Jugendliche zurückzulegen haben, um sich ihrer Identität und ihrer sexuellen Ausrichtung bewusst zu werden und sie schließlich anderen Menschen mitzuteilen. Ich habe dies am Beispiel eines Phasenmodells für Menschen mit Transgeschlechtlichkeit dargestellt.

1.5 Welchen Nutzen haben die Fragen nach dem »Warum« und die verwendeten Kategorisierungen?

Auf die Gefahr hin, die Leser*innen völlig zu verwirren, möchte ich am Ende dieses Kapitels noch die Frage diskutieren, ob die Suche nach der Ätiologie der in diesem Kapitel beschriebenen Phänomene überhaupt einen Sinn hat. Wir sind in unserem Alltagsleben ebenso wie in unserem Wissenschaftsverständnis zwar daran gewöhnt, die Frage nach dem »Warum« zu stellen, sobald wir mit einem uns »fremd« anmutenden Phänomen konfrontiert sind. Nur bei den uns »selbstverständlich« erscheinenden Phänomenen tritt diese Suche nach dem »Warum« im Allgemeinen nicht auf.

1 Wie entstehen die sexuellen Orientierungen und die Geschlechtlichkeiten?

Wie oben dargestellt, haben wir letztlich keine eindeutigen Befunde bezüglich der Ätiologie der Entwicklung der Geschlechtlichkeiten und der sexuellen Orientierungen. Nicht zuletzt deshalb drängt sich die Frage auf, ob es überhaupt Sinn macht, weiter nach dem »Warum?« und »Woher?« zu fragen. Binswanger (2016, S. 18) hat in seinem Artikel »(K)ein Grund zur Homosexualität. Ein Plädoyer zum Verzicht auf psychogenetische Erklärungsversuche von homosexuellen, heterosexuellen und anderen Orientierungen« vom »unstillbaren Bedürfnis« von uns Psychoanalytiker*innen gesprochen, mögliche Psychogenesen der verschiedenen Sexualorganisationen zu suchen. Anstelle dieser – nach seiner Ansicht vergeblichen – Suche schlägt er die »Totalabstinenz« vor.

Zu einem ähnlichen Schluss kommt Hutfless (2016) in ihrer in der gleichen Zeitschrift veröffentlichten Arbeit »Wider die Binarität – Psychoanalyse und Queer Theory«. Hutfless äußert Kritik an der binären Entgegensetzung von Homo- und Heterosexualität und meint, die Queer Theory könne Ansätze für eine nicht-pathologisierende Auseinandersetzung auch mit der Transgeschlechtlichkeit liefern, indem sie die *sexuellen Orientierungen und die geschlechtlichen Identitäten als »dynamisch, instabil und prozesshaft«* (Hutfless, 2016, S. 101) sieht: »Das Konzept ›queer' stellt den Versuch dar, Sexualitäten und Geschlechter jenseits von fixen Identitätskategorien zu denken. Dieser Ansatz resultiert aus der Erkenntnis, dass das Identitätsdenken selbst wesentlicher Bestandteil jenes Prozesses ist, der Ausschlüsse, Abwertungen und Pathologisierungen produziert« (Hutfless, 2016, S. 101–102).

Eine solche Sicht stellt nicht nur ein Abrücken vom fruchtlosen, zu Pathologisierungen führenden Suchen nach den Ursachen der Geschlechtsentwicklung und der sexuellen Orientierungen dar, sondern würde auch eine enorme Befreiung aus der Enge der Heteronormativität und der binären Cisnormativität bedeuten. Es könnte uns dadurch ein direkterer, nicht von Pathologiekonzepten belasteter Zugang zu Menschen mit Transgeschlechtlichkeit gelingen und neue Dimensionen auch für unsere eigene Entwicklung öffnen (Rauchfleisch, 2016, 2019c).

Zweifellos hilft uns die Bildung von Kategorien, unsere Wahrnehmung zu strukturieren und gewisse Ordnungsprinzipien aufzustellen, die uns Orientierung bieten. Gleichwohl verbauen uns derartige Strukturen aber auch den unvoreingenommenen Zugang zu Menschen und

Phänomenen, die uns fremd sind. Ich werde im Folgenden zwar die Kategorien der Geschlechtsentwicklung und der Orientierungen verwenden, wie wir sie in der gebräuchlichen Bezeichnung LGBTIQ* finden. Dabei gilt es jedoch zu beachten, dass wir *die durch diese Kategorisierungen entstehende Enge immer wieder auch hinterfragen und aufbrechen müssen*, um der Komplexität des menschlichen Lebens gerecht zu werden.

Zusammenfassung

Die Fragen nach dem »Wie?« und »Warum?« werden im Allgemeinen nur bei den Phänomenen gestellt, die vom Mainstream abweichen, so bei den sexuellen Orientierungen der Bi- und Homosexualitäten und bei den Transgeschlechtlichkeiten. Bei den als »selbstverständlich« und »normal« betrachteten Heterosexualitäten und den Cisgeschlechtlichkeiten hingegen werden diese Fragen nicht gestellt.

Bezüglich der *Entstehung* der sexuellen Orientierungen und Geschlechtlichkeiten haben wir letztlich nur Hypothesen.

Terminologisch wird der *Identitätsbegriff* von verschiedenen Seiten kritisch hinterfragt, weil er zu vage sei und ihm die Evidenzbasierung fehle. Er wird hier dennoch zur Bezeichnung der *psychischen* Seite der Geschlechtsidentität verwendet, während die *körperliche* Seite durch den Begriff der *Geschlechtlichkeit* beschrieben wird.

Es wird ein hypothetisches Modell zum Verständnis der Geschlechtsentwicklung und der sexuellen Orientierungen mit den »Bausteinen« Protogeschlechtlichkeit, sexuelle Kern-Identität, Geschlechtsrollen-Identität und Geschlechtspartner*innen-Identität dargestellt. Für die Behandlung von trans Menschen ist die Beachtung von für ihre Entwicklung spezifischen Phasen notwendig.

Die Cis- und Transgeschlechtlichkeiten werden ebenso wie die Bi-, Homo- und Heterosexualitäten nicht als distinkte Kategorien, sondern als Kristallisationspunkte auf Kontinua mit fließenden Übergängen angesehen. Es wird auf die Problematik von Kategorienbildungen hingewiesen, die leicht zu Ausgrenzungen und Pathologisierungen führen und der Vielfalt des menschlichen Lebens nicht gerecht werden.

1 Wie entstehen die sexuellen Orientierungen und die Geschlechtlichkeiten?

Literatur zur vertiefenden Lektüre

Ermann, M. (2019): *Identität und Begehren. Zur Psychodynamik der Sexualität.* Stuttgart: Kohlhammer.
Güldenring, A. (2009): Phasenspezifische Konfliktthemen eines transsexuellen Entwicklungsweges. *Psychotherapie im Dialog 10*, 25–31.
Morgenthaler, F. (1987): *Homosexualität. Heterosexualität. Perversion.* Frankfurt/M.: Fischer-Taschenbuchverlag.
Rauchfleisch, U. (2011): *Schwule. Lesben. Bisexuelle. Lebensweisen, Vorurteile, Einsichten.* 4. Aufl. Göttingen: Vandenhoeck & Ruprecht.
Rauchfleisch, U. (2016): *Transsexualität – Transidentität. Begutachtung, Begleitung, Therapie.* 4. Aufl. Göttingen: Vandenhoeck & Ruprecht.
Rauchfleisch, U. (2019a): *Transsexualismus – Genderdysphorie – Geschlechtsinkongruenz – Transidentität. Der schwierige Weg der Entpathologisierung.* Psychodynamik Kompakt. Göttingen: Vandenhoeck & Ruprecht.

Weiterführende Fragen

- Warum werden die Fragen nach dem »Wie?« und »Warum?« nur bei den Bi- und Homosexualitäten bzw. bei den Transgeschlechtlichkeiten, nicht aber bei den Heterosexualitäten und den Cisgeschlechtlichkeiten gestellt?
- Welche Hypothesen haben wir zur Entwicklung der Geschlechtlichkeiten und der sexuellen Orientierungen?
- Aus welchen »Bausteinen« setzt sich die Geschlechtsidentität zusammen?
- Warum ist die Kategorienbildung in Bezug auf die Entwicklung der Geschlechtlichkeiten und der sexuellen Orientierungen nicht sinnvoll?

2 Gibt es Entwicklungsbedingungen von homosexuellen, bisexuellen und Kindern mit Transgeschlechtlichkeit, die von denen der cis und heterosexuellen Kinder abweichen?

Die Antwort auf diese Frage lautet: »Ja und Nein«.

Auf der einen Seite sind alle Kinder in unserer Gesellschaft ähnlichen Bedingungen ausgesetzt und durchlaufen dementsprechend ähnliche Entwicklungsphasen: Es sind die von Freud beschriebenen Phasen der psychosexuellen Entwicklung, die Kinder bilden ihre Identität aus, sie setzen sich mit ihren Eltern auseinander, durchlaufen die typischen Konflikte der Kindheit und Jugend und wachsen in die sie umgebende Gesellschaft hinein (Dornes, 2000; Fonagy & Target, 2003; Hopf, 2019a; Mertens, 1992; Seiffke-Krenke, 2009, 2019; Tyson & Tyson, 2012).

Auf der anderen Seite treffen homosexuelle und trans Kinder und Jugendliche in unserer cis- und heteronormativ geprägten Gesellschaft auf spezielle Bedingungen, mit denen sich andere Kinder in ihrer Entwicklung nicht auseinandersetzen müssen. Diese speziellen Bedingungen sollen im Folgenden dargestellt werden.

2.1 Das Hineinwachsen in eine Welt, die sie anders erwartet als sie sind

Eltern erwarten ihre Kinder im Allgemeinen so, wie die Majorität ist. In unserer vorwiegend heterosexuell und cis orientierten Gesellschaft bedeutet dies, dass die Eltern davon ausgehen, ein cis heterosexuelles Kind zu haben (»heterosexuelle« bzw. »cis Vorannahme«). Erst im Verlaufe der Zeit nehmen sie bei einem Kind wahr, dass diese Annahme nicht zutrifft. Das Kind macht dabei die Erfahrung, während einer mehr oder weniger langen Zeit nicht so wahrgenommen und behandelt zu werden, wie es seinem innersten Wesen entspricht.

Aus dieser Situation des Nicht-richtig-wahrgenommen-Werdens resultieren für das Kind, das sich selbst erst nach und nach seiner Abweichung von der Majorität und seines »Andersseins« bewusst wird, mehr oder weniger große Verletzungen (▶ Kap. 1.3). Dies ist eine für homo- und bisexuelle ebenso wie für Kinder und Jugendliche mit einer Transgeschlechtlichkeit typische Situation, wie wir sie bei cis und heterosexuellen Menschen nicht finden. Auch sie können in ihrer Entwicklung die Erfahrung machen, nicht so wahrgenommen zu werden, wie sie wirklich sind. Es geht dabei aber im Allgemeinen nicht um einen den Kern ihrer Persönlichkeit betreffenden Aspekt.

Je nach Persönlichkeit und Lebensumständen reagieren Eltern unterschiedlich auf die Wahrnehmung, dass ihr Kind nicht der Majorität entspricht. Es sind zwar oft die Mütter, die schon früh spüren, dass ihr Kind »anders« ist. In den meisten Familien kommt die Information des Kindes, lesbisch, schwul oder trans zu sein, für die Eltern aber doch mehr oder weniger unerwartet und führt zu Irritationen. Dies ist vor allem dann der Fall, wenn das Kind sich nicht in binärer Weise dem »anderen« Geschlecht zuordnet, sondern sich als nicht-binär/genderqueer, gender-fluid oder agender bezeichnet. Im Fall von homosexuellen Kindern neigen Mütter – fälschlicherweise – oft dazu, sich die »Schuld« an der so gelaufenen Entwicklung ihres Kindes zu geben.

Leider kommt es in dieser Phase, in der das »Problem« trans oder Homosexualität sichtbar wird, häufig auch zu heftigen Auseinandersetzungen in der Familie bis hin zu physischer und psychischer Gewalt gegenüber dem Kind oder Jugendlichen. In einer solchen für alle Familienmitglieder schwierigen Zeit benötigen die Kinder, aber auch ihre Eltern fachlichen Rat (Rauchfleisch, 2012, 2019d) und im Allgemeinen auch eine fachliche Begleitung.

Zwei Beispiele mögen veranschaulichen, wie unterschiedlich Eltern, die Probleme mit der sexuellen Orientierung ihres Kindes haben, mit dieser Situation umgehen.

2.1 Das Hineinwachsen in eine Welt, die sie anders erwartet als sie sind

Das erste Beispiel betrifft eine Mutter mit ihrem 16-jährigen Sohn, die mir von ihrem Hausarzt zugewiesen wurden. Die Information des Hausarztes war: Der Jugendliche habe sich vor kurzem seiner Mutter gegenüber geoutet, er sei schwul. Die Mutter habe darauf entsetzt reagiert und den Hausarzt um Rat gebeten. Er überweise deshalb Mutter und Sohn an mich zur Beratung.

Zum vereinbarten Termin erschien die Mutter, eine Frau Mitte 40, mit ihrem 16-jährigen Sohn. Ich bat beide in mein Sprechzimmer. Kaum hatten wir Platz genommen, begann die Mutter den Sohn zu beschimpfen und ihm heftigste Vorwürfe wegen seiner Homosexualität zu machen. Ihre Empörung gipfelte darin: »Es wäre besser, du wärst tot! Dann könnte ich dich auf dem Friedhof beweinen. Aber unserer Familie bliebe diese Schande erspart!«.

Der Sohn nahm diese Beschimpfungen mit einer erstaunlichen Gelassenheit hin. Ich vermutete, er hatte diese und ähnliche Äußerungen der Mutter bereits mehrfach gehört. Die Mutter erwähnte, der Vater wisse noch nichts von dieser »schrecklichen Sache«. Er würde das nie dulden. In diesem Zusammenhang beschwor sie den Sohn, es dürfe niemand von seiner »perversen Veranlagung« erfahren.

Der Jugendliche zuckte gelassen mit den Schultern und meinte: »Dass ich meinen Schulkollegen Pascal liebe, habe ich ihm schon längst gesagt. Leider ist er hetero und kann deshalb nicht so darauf reagieren, wie ich es gerne hätte. Aber wir sind nach wie vor sehr gute Freunde«. Die Mutter war fassungslos, als ihr Sohn fortfuhr: »Wir haben das mit unserem Lehrer besprochen, der sehr verständnisvoll reagiert hat und dann das Thema Homosexualität mit der ganzen Klasse besprochen hat. In der Klasse unterstützen mich alle«.

Die Mutter war entsetzt, als sie erfuhr, wie offen ihr Sohn mit seiner Homosexualität umging, und ich bewunderte ihn für den Mut und die Souveränität, mit der er diese schwierige Situation auch jetzt in dem Gespräch bei mir handhabte

Ich habe versucht, der Mutter zu vermitteln, dass Homosexualität keine Perversion und keine Krankheit, sondern eine Variante der sexuellen Orientierung ist. Sie ließ sich jedoch auf keinen meiner Versuche, ihre Ablehnung abzubauen, ein, sondern beharrte darauf, Homosexualität sei eine Perversion, die sie und ihr Mann nie dulden würden. Vergeblich versuchte ich zu ergründen, warum sie so heftig auf die Mitteilung ihres Sohnes, schwul zu sein, reagierte.

Ohne jeden Erfolg blieb auch mein Versuch, ihr eine Brücke zu bauen, indem ich darauf verwies, anderen Eltern gehe es ähnlich wie ihr, wenn sie von der Homosexualität ihres Kindes erführen. Ich riet ihr, sich mit einem Mitglied von FELS, der Selbsthilfegruppe der Freundinnen, Freunde und Eltern von Lesben und Schwulen, in Verbindung zu setzen. Dort würde sie Eltern finden, die Verständnis für sie hätten, weil sie ähnliches wie sie erlebt hätten. Auch diesen Vorschlag wies sie empört zurück: Mit solchen Leuten wolle sie nichts zu tun haben. Die seien ja selbst pervers, wenn sie die Homosexualität ihrer Kinder und Freunde akzeptierten.

Nach kurzer Zeit erhob sich die Mutter und sagte ihrem Sohn, die Besprechung mit mir sei beendet. Sie würden gehen. Bei der Verabschiedung teilte sie mir noch mit, sie habe bereits befürchtet, dass unser Gespräch so verlaufen würde. Sie habe vorsorglich schon einen Termin mit einem Arzt vereinbart, der den Sohn hormonell behandeln werde.

Offenbar war mir bei dieser Äußerung der Mutter anzusehen, wie entsetzt ich über diesen Plan war. Der Jugendliche schüttelte nämlich den Kopf und rollte mit den Augen, offensichtlich um mir zu signalisieren, dass dies Unsinn sei und er dem nie Folge leisten werde. Mir blieb nur noch, dem Jugendlichen zu sagen, dass er, wenn er Hilfe brauche, eine*n Therapeut*in oder eine LGB-Beratungsstelle aufsuchen solle, und die Mutter noch einmal auf FELS hinzuweisen.

Ich blieb mit sehr gemischten Gefühlen zurück. Auf der einen Seite war ich erschüttert über die schweren Verletzungen, welche die Mutter ihrem Sohn zugefügt hatte. Auf der anderen Seite war ich aber doch auch einigermaßen beruhigt, weil der Jugendliche offenbar in der Lage war, erstaunlich souverän mit seiner schwierigen familiären Situation umzugehen.

Das zweite Beispiel betrifft eine völlig andere Situation. Ein Student rief mich an und fragte, ob er seinen Vater bei mir anmelden könne. Ich war über diese ungewöhnliche Anmeldung erstaunt und fragte

2.1 Das Hineinwachsen in eine Welt, die sie anders erwartet als sie sind

ihn, ob er mir kurz schildern könne, worum es gehe. Es sei ja eine eher ungewöhnliche Art der Anmeldung.

Der junge Mann berichtete mir daraufhin, er sei schwul und habe das seinen Eltern vor ein paar Monaten eröffnet. Die Mutter habe damit kein Problem, sie habe das bereits »irgendwie geahnt«. Der Vater hingegen könne das einfach nicht akzeptieren. Er habe auf das Coming Out des Sohnes mit einem abrupten Rückzug reagiert und äußere immer wieder, das könne und dürfe nicht wahr sein! In einem der letzten Streitgespräche habe die Mutter den Vorschlag gemacht, der Vater solle doch therapeutische Hilfe suchen, damit er seine Ablehnung bearbeiten und abbauen könne. Dies sei der Grund, weshalb er mich anrufe, um den Vater bei mir anzumelden.

Ich habe daraufhin vorgeschlagen, dass beide, der Vater und auch der Sohn, zu einem Gespräch zu Dritt kämen, in dem wir klären könnten, wie weiter vorzugehen sei. Ich begründete meinen Vorschlag damit, dass es ja ein Konflikt zwischen seinem Vater und ihm sei. Deshalb sei es vielleicht von Vorteil, wenn sie beide in dem Gespräch anwesend seien. Der junge Mann stimmte dem zu und vereinbarte mit mir einen ersten Termin.

Zur vereinbarten Zeit erschienen der 23-jährige Student und sein Vater, Mitte 50. In der Familie lebten noch zwei Kinder, eine jüngere Schwester und ein jüngerer Bruder, die beide kein Problem mit der Homosexualität ihres Bruders hätten. Der Vater berichtete offen über seine »Aversion gegen die Homosexualität« des Sohnes und räumte ein, er könne sich diese »Abscheu« selbst nicht erklären. Er sei bereit gewesen, den Vorschlag seiner Frau, therapeutische Hilfe zu suchen, anzunehmen, da er von jeher eine gute Beziehung zu diesem Sohn gehabt habe und es sehr bedaure, dass diese nun durch die sexuelle Orientierung des Sohnes »zerstört« würde. Vater wie Sohn waren mit meinem Vorschlag einverstanden, gemeinsame Sitzungen durchzuführen. Falls sich herausstellen sollte, dass der Vater Einzelsitzung wolle und brauche, würden wir das Setting dementsprechend ändern.

Es war für mich enorm beeindruckend, in den zehn Sitzungen, die wir in zwei- mitunter auch dreiwöchigem Abstand durchführten, zu erleben, wie sehr der Vater sich bemühte, seinen Sohn zu verstehen. Es war deutlich spürbar, dass zwischen ihnen eine tragfähige Beziehungsbasis bestand, die auch über sehr konflikthafte Situationen hinwegtrug.

Ich wurde Zeuge eines interessanten therapeutischen Prozesses: Anfangs machte dem Vater bereits das Wort »schwul« enorme Probleme. Er selbst benutzte nicht einmal die Bezeichnung »homosexuell«, sondern sprach lediglich von der »Veranlagung« des Sohnes. Es folgten Sitzungen, in denen wir wenigstens kurz von dem Freund des Sohnes sprechen konnten. Als der Sohn aber ein Bild des Freundes mit in die Sitzung brachte, verweigerte der Vater zunächst, das Bild des Freundes anzuschauen. Das Foto musste mit dem Bild nach unten auf dem Tisch liegen.

Wenige Sitzungen später willigte der Vater jedoch ein, das Bild des Freundes anzuschauen, zunächst geradezu mit dem Ausdruck von Ekel, dann aber doch sichtlich interessiert daran, in wen sein Sohn sich verliebt hatte. Es folgten Sitzungen, in denen ein offenes Gespräch zwischen Vater und Sohn über die Beziehung der beiden jungen Männer möglich war, und schließlich willigte der Vater sogar ein, dass der Freund des Sohnes die Familie besuchte. Dabei stellte sich heraus, dass die Mutter und die Geschwister ihn schon längst kennengelernt hatten.

In den zehn mit dem Vater und seinem Sohn durchgeführten Sitzungen kam es mehrere Male zu lustigen Begebenheiten: Als der Vater bereits relativ viel Akzeptanz entwickelt hatte, beschwor er den Sohn jedoch, unter keinen Umständen mit der Großmutter väterlicherseits über seine Homosexualität zu sprechen. »Sie würde das nicht überleben« war das Argument des Vaters. Der Sohn lachte und erwiderte, die Großmutter sei schon vor den Eltern informiert gewesen und erfreue sich nach wie vor eines glücklichen Lebens! Es gelang dem Vater in den gemeinsamen Sitzungen, seinen Widerwillen gegen die Homosexualität so weit abzubauen, dass der Freund des Sohnes ein regelmäßiger Gast im Elternhaus wurde, ja sogar mit dem Sohn dort übernachten durfte!

Soweit sich in den Sitzungen ergründen ließ, gab es verschiedene Ursachen für die Ablehnung des Vaters: Zum einen waren es Gefühle der Eifersucht und der Enttäuschung darüber, dass der Sohn sich einem anderen Mann zugewendet hatte – nicht klären ließ sich in diesem Setting meine Vermutung, die Ursache könnten eigene gleichgeschlechtliche Gefühle der Vaters sein, was zu seiner engen Bindung an den Sohn und seiner Enttäuschung darüber geführt hatte, dass der Sohn sich einem anderen Mann zuwendete. Zum anderen waren es enorme Ängste des Vaters, was »andere Leute« dazu sagen würden, dass sein Sohn »eine solche Veranlagung« habe. Unter systemischem Aspekt betrachtet, fühlte sich der Vater in der Familie dadurch »ausgebootet«, dass seine Frau und die beiden anderen Kinder sich, gemäß seiner Wahrnehmung, gegen ihn solidarisiert hatten und er als Vater und »Oberhaupt der Familie« nun »völlig allein gelassen« worden sei.

Mehr als zehn Jahre nach Abschluss der gemeinsamen Sitzungen rief mich ein Mann aus einem außereuropäischen Land an und stellte sich als der Student vor, der vor vielen Jahren mit seinem Vater zusammen bei mir gewesen sei. Er habe an diesem Tag sein zehnjähriges Jubiläum seit der Eheschließung mit seinem damaligen Freund und jetzigen Ehepartner, und er habe sich bei diesem Anlass an die Therapiesitzungen erinnert. Er berichtete mir, dass er glücklich mit seinem Ehemann verheiratet sei. Wann immer sie nach Europa kämen, würden sie die Eltern besuchen. Für den Vater sei ihre gleichgeschlechtliche Partnerschaft absolut kein Problem mehr.

Dieses Beispiel zeigt, dass auch hier ein Elternteil, in diesem Fall der Vater, große Probleme hinsichtlich der Akzeptanz der Homosexualität des Kindes, hatte. Doch im Gegensatz zu der Mutter des 16-Jährigen war der Vater hier fähig, seine Ablehnung zu bearbeiten. Dies gelang, weil eine tragfähige Beziehung zwischen Vater und Sohn bestand und der Vater deshalb bereit und fähig war, seine ablehnende Haltung in Frage zu stellen. »Ich bin froh, dass ich das geschafft habe«, meinte er in der letzten Therapiesitzung. »Es hätte mir sehr weh getan, wenn durch meine Ablehnung unsere Beziehung zerbrochen wäre«.

2.2 Durchlaufen eines Coming Out-Prozesses

Der Coming Out-Prozess umfasst zwei Aspekte, nämlich zum einen den innerpsychischen Prozess des inneren Gewahrwerdens und der Akzeptanz, trans, lesbisch, schwul oder bisexuell zu sein, und zum anderen den sozialen Prozess des Hinaustretens mit dieser Identität an die Öffentlichkeit (Cass, 1979; Coleman, 1982; Minton & McDonald, 1984; Rauchfleisch, 2011, 2016). Beide Phasen stellen ein *prozesshaftes* Geschehen dar. Aus diesem Grunde kann man, wie bei allen Entwicklungen, nicht von einem »abgeschlossenen« Coming Out-Prozess sprechen.

Die erste Phase des Coming Out, das *Gewahrwerden und die Akzeptanz der eigenen Identität,* ist ein Prozess, der sich im Allgemeinen über längere Zeit, mitunter über Jahre hin erstreckt. Wie schnell sich Kinder und Jugendliche ihrer Identität bewusst werden, hängt wesentlich von der Einstellung ihrer wichtigsten Bezugspersonen ab. Je trans- oder homonegativer diese Personen reagieren, desto schwieriger wird es für die Kinder und jungen Erwachsenen, sich selbst einzugestehen, dass sie trans, homo- oder bisexuell sind, und den Schritt zur Selbstakzeptanz zu tun.

Wiesendanger (2005) hat darauf aufmerksam gemacht, dass auch viele erwachsene Lesben und Schwule, die scheinbar völlig offen leben, Probleme mit der Selbstakzeptanz haben, weil sie nach wie vor unter den in Kindheit und Jugend erlittenen Verletzungen des »inneren Kindes« leiden. Im Rahmen eines »vertieften Coming Out« gilt es gemäß Wiesendanger für sie, abgespaltene Persönlichkeitsanteile zu integrieren und auf diese Weise zu ihrem wahren Selbst zu finden.

Da die Transgeschlechtlichkeit und die homo- und bisexuellen Orientierungen nicht der Majorität entsprechen, werden diese Kinder und Jugendlichen aufgrund der in unserer Gesellschaft herrschenden »heterosexuellen Vorannahme« bzw. der »cis Vorannahme« so lange nicht in ihrem tatsächlichen Wesen wahrgenommen, bis sie sich damit auf irgendeine Weise zu erkennen geben. Diese zweite Phase des Coming Out verläuft im Allgemeinen umso problemloser, je sicherer sich die Jugendlichen ihrer Identität sind. In jedem Fall aber bedarf es für das soziale Coming Out, d. h. für das *Hinaustreten mit der eigenen Identität an die Öffentlichkeit*, großer Ich-Stärke und guter sozialer Kompetenzen. Denn immer wieder gilt es zu entscheiden, wem? – was? – in welcher Form? – zu welcher Zeit? mitgeteilt wird.

Homo- und bisexuelle Kinder und Jugendliche können ihr Coming Out im Allgemeinen schrittweise vollziehen, indem sie sich beispielsweise zuerst der besten Freundin, dem besten Freund oder einer anderen ihnen besonders nahe stehenden Person eröffnen und erst später ihr weiteres Umfeld über ihre sexuelle Orientierung informieren.

Trans Kindern und Jugendlichen ist dies oft nicht möglich. Ihr »Anderssein« in Form eines nicht-geschlechtsrollenkonformem Aussehens und Verhaltens erlaubt ihnen häufig kein schrittweises Coming Out. Für sie ist deshalb der Schritt in die Öffentlichkeit mit einer nochmals größeren Anstrengung verbunden als für homo- und bisexuelle Kinder und Jugendliche. Aus diesem Grund ist es wichtig, in der therapeutischen Begleitung die konkreten Coming Out-Schritte mit dem Kind und seinen Eltern sorgfältig zu planen und Strategien zu erarbeiten, wie dies möglichst ohne Verletzungen des Kindes gelingen kann (▶ Kap. 5.3 und ▶ Kap. 5.4).

Es sei an dieser Stelle schon darauf hingewiesen, dass der Coming Out-Prozess für Jugendliche heute nach wie vor schwierig ist. Man könnte annehmen, bei der größeren Akzeptanz und Sichtbarkeit von trans, homo- und bisexuellen Menschen in unserer Gesellschaft sei das Coming Out für junge Menschen in der Gegenwart eigentlich unproblematisch. Dem widersprechen alle Befunde, die wir über das Befinden und die psychische Gesundheit von Jugendlichen im Coming Out-Prozess haben. So befürchten knapp 74 % von Jugendlichen bei ihrem Coming Out Ablehnung durch befreundete Menschen, 69 % durch ihre Familie und 20 % haben Angst, Opfer körperlicher Angriffe zu werden (Krell & Oldemeier, 2017). Ich werde später noch ausführlicher auf diese Probleme eingehen (▶ Kap. 3.3).

Mitunter bin ich aber auch überrascht, mit welcher Selbstverständlichkeit etwa Kinder mit einer Transgeschlechtlichkeit schon im Grundschulalter ihr Coming Out organisieren.

> So stellten mir Eltern ihre achtjährige trans Tochter Anja vor. Anja sah mit ihren schulterlangen leicht gelockten Haaren und ihrer far-

benfrohen Kleidung sehr weiblich aus, so dass ich, wenn ich nicht gewusst hätte, dass es ein Kind mit einer Transgeschlechtlichkeit war, sie ohne Weiteres für ein cis Mädchen gehalten hätte.

Grund für das Gespräch mit mir war Anjas Wunsch, ihrer Klasse und, so ergänzte sie in unserem Gespräch, der ganzen Schule mitzuteilen, dass sie trans sei. Sehr realistisch hatte sie wahrgenommen, dass alle, die sie nicht von früher her kannten, sie für ein Mädchen hielten. Immer wieder aber treffe sie in der Schule Kinder aus der Kindergartenzeit und davor. Diese Kinder würden dann den anderen Kindern sagen, Anja sei eigentlich ein Junge. Das störe sie im Grunde nicht so sehr. Aber sie habe es satt, immer wieder erklären zu müssen, sie sei trans. Das wolle sie nun ein für alle Mal allen klarmachen.

Anja hatte bereits konkrete Vorstellungen, wie sie ihren Plan ausführen wollte. Sie stellte sich vor, alle Schülerinnen und Schüler ihrer Schule würden in die große Aula gerufen. Dort würde Anja mit der Schulpsychologin (mit der sie immer wieder Kontakt hatte) auf der Bühne stehen und den anderen Kindern mitteilen, sie sei trans. Zusammen mit der Schulpsychologin würde sie den Kindern erklären, was trans sei. Anschließend solle dann der Spielfilm »Mein Leben in rosarot« gezeigt werden, der das Leben eines trans Mädchens thematisiert. Im Anschluss an den Film solle eine allgemeine Diskussion stattfinden.

Es war beeindruckend, mit welcher Selbstverständlichkeit und Sachlichkeit dieses achtjährige Kind seinen Eltern und mir den Plan seines Coming Out darlegte. Auch wenn sich das Coming Out letztlich nicht in der Art realisieren ließ, wie Anja es sich vorstellte, zeigte ihre Argumentation doch eine erstaunliche Reife und eine Entschlossenheit, die selbst viele Erwachsene nicht fertigbringen.

Wir besprachen in weiteren Sitzungen das konkrete Vorgehen, wobei es zunächst einmal darum ging, im nächsten Umkreis von Anja, d. h. ihrer Klasse und den Parallelklassen die Information über ihre Transgeschlechtlichkeit zu vermitteln – ob und in welchem Ausmaß Anja selbst dabei beteiligt wäre, müsste später noch in Absprache mit den Lehrer*innen entschieden werden. Und selbstverständlich war Anjas Plan, den – tatsächlich sehr berührenden, aber auch traurigen – Film »Mein Leben in rosarot« zu zeigen, so nicht umsetzbar. Was aber die Eltern, die Lehrer*innen und mich tief beeindruckte, war die Klarheit und die Entschlossenheit, mit der Anja ihr Coming Out selbst in die Hand zu nehmen beschloss.

2.3 Auseinandersetzung mit negativen Klischeebildern

Über Menschen, die in ihrem Denken, Fühlen, Verhalten oder ihrem Erscheinungsbild von der Majorität abweichen, bestehen in der Öffentlichkeit häufig negative Bilder. Dabei handelt es sich im Allgemeinen um völlig unreflektierte, in nichts der Realität entsprechende Klischeebilder, die mit großer Hartnäckigkeit vertreten und für wahr gehalten werden. In der Öffentlichkeit bestehen bezüglich trans, homo- und bisexuellen Kindern und Jugendlichen etliche solcher negativen Bilder.

Im Hinblick auf die *Transgeschlechtlichkeit* ist es vor allem die Vorstellung, dies sei ein *krankhafter Zustand*. Diese nicht der Realität entsprechende Zuschreibung wird noch dadurch unterstützt, dass es nach wie vor die zu den psychischen Erkrankungen zählenden Diagnosen »Transsexualismus« (ICD-10: F 64.0) resp. im Kindesalter »Störung der Geschlechtsidentität im Kindesalter« (ICD-10: F 64.2) und »Genderdysphorie« (DSM-5: 302.85 resp. 302.6) gibt. Diese Diagnosen werden verwendet, wenn es um die Kostengutsprachen bei den Krankenkassen für körperliche Angleichungen und um Anträge der Vornamens- und Personenstandsänderung geht. Durch die Vergabe solcher Diagnosen werden Menschen mit einer Transgeschlechtlichkeit stigmatisiert, was dann unter anderem zu dem erwähnten Klischeebild der »psychisch kranken trans Personen« führt.

Im Prozess des Gewahrwerdens der eigenen Identität und ihrer Akzeptanz müssen sich trans Kinder und Jugendliche mit diesem vorurteilsbeladenen Bild, das über sie besteht, auseinandersetzen. Das Problem liegt für sie nicht nur darin, dass dieses Klischeebild in der Öffentlichkeit weit verbreitet ist. Hinzu kommt die Schwierigkeit – die einem double-bind gleich kommt –, dass Menschen mit einer Transgeschlechtlichkeit diese Stigmatisierung akzeptieren müssen, um ihre medizinischen und juristischen Ziele erreichen zu können. Eine Änderung wird im Jahr 2022 kommen, wenn die neue ICD-11 in Kraft tritt. In ihr wird die Diagnose »Transsexualismus« nicht mehr vertreten sein, sondern durch die Bezeichnung »Genderinkongruenz« ersetzt werden. Die Genderinkongruenz wird nicht mehr unter den psychischen Erkrankungen subsumiert, sondern dem Kapitel »Probleme/Zustände im Bereich der sexuellen Gesundheit« zugeordnet sein. Für Kinder mit Transgeschlechtlichkeit wird die Bezeichnung »gender incongruence of childhood« lauten.

Schließlich ist zu berücksichtigen, dass derartige negative Bilder, wie sie in der Öffentlichkeit kolportiert werden, nicht ohne Einfluss auf die Selbstbilder von trans Menschen sind. Wir alle formen unsere Selbstbilder ja nicht allein aus uns selbst heraus, sondern verinnerlichen die Bilder, die uns von außen vermittelt werden. Sind diese stark negativ geprägt, so werden auch die Selbstbilder eine negative Qualität erhalten. Wir sprechen in diesem Fall von »verinnerlichter Transnegativität« (in einer älteren Formulierung: »verinnerlichter Transphobie«), die verhängnisvolle Folgen für die psychische Gesundheit der Betreffenden hat (Berg et. al, 2017; Herek et al. 2009; Mayfield, 2001; Newcomb & Mustanski, 2010; ▶ Kap. 5.3).

Im Hinblick auf *Lesben und Schwule* bestehen in der Öffentlichkeit ebenfalls Klischeebilder, mit denen sie sich im Verlauf ihrer Entwicklung kritisch auseinandersetzen müssen, um ein stabiles, positives Selbstwertgefühl entwickeln zu können. Dies ist in erster Linie die – psychologisch durch nichts zu rechtfertigende – Annahme, *Lesben besäßen eine männliche, Schwule hingegen eine weibliche Identität.* Wie bereits erwähnt (▶ Kap. 1.3), findet in diesem Fall eine Vermischung und Verwechslung der sexuellen Kernidentität und der Geschlechtsrollen statt.

Wenn manche Lesben in ihrem Erscheinungsbild und Verhalten eher »burschikos« erscheinen, geht es um bewusst *gewählte* Geschlechtsrollen. Ebenso ist es im Hinblick auf die in der Öffentlichkeit recht weit verbreitete Ansicht, Schwule seien »weiblich identifiziert«, weil sie sich häufig bereits in Kindheit und Jugend nicht für die »typischen Jungenaktivitäten« interessieren. Auch hier geht es um bewusst *gewählte* Geschlechtsrollen Die sexuelle Kernidentität (das »Wissen« männlich oder weiblich zu sein) ist jedoch völlig unabhängig davon. Dies bedeutet, dass keine lesbische oder bisexuelle Frau an ihrer Weiblichkeit und kein schwuler oder bisexueller Mann an seiner Männlichkeit zweifelt.

Im Verlauf ihrer Entwicklung müssen sich homo- und bisexuelle Kinder, Jugendliche und Erwachsene kritisch mit diesen Klischeebildern auseinandersetzen, wenn es ihnen gelingen soll, Selbstakzeptanz zu entwickeln und eine positive Selbstidentität zu gewinnen (▶ Kap. 6).

Ein anderes negatives und das soziale Leben von Lesben und Schwulen zum Teil erheblich belastende Zerrbild beinhaltet die Annahme, homosexuelle Menschen würden gehäuft *pädophile Delikte* begehen. Bei Argumenten dieser Art hat eine unheilvolle Vermischung der beiden voneinander unabhängigen Dimensionen »sexuelle Orientierung« (Homosexualität) und »sexuelle Präferenz« (Pädophilie) stattgefunden (Rauchfleisch, 2019b). Ob eine pädophile Präferenz besteht, hat nichts mit der sexuellen Orientierung zu tun. Pädophile Übergriffe finden sich bei Menschen mit hetero- wie mit homosexuellen Orientierungen.

Da sich das Vorurteil, Lesben und Schwule stellten eine »Verführungsgefahr« für Kinder und Jugendliche dar, hartnäckig in der Öffentlichkeit hält, stehen Menschen mit gleichgeschlechtlichen Orientierungen, die in pädagogischen, therapeutischen und anderen Berufen sowie in Freizeitaktivitäten mit Kindern und Jugendlichen arbeiten, unter einem erheblichen Druck. So outen sich viele lesbische Lehrerinnen und schwule Lehrer nicht wegen der Angst, sie ständen aufgrund ihrer sexuellen Orientierung unter dem Generalverdacht, pädophile Übergriffe zu begehen.

Diese extreme Zurückhaltung beim Coming Out von Lesben und Schwulen in pädagogischen Berufen ist aus zwei Gründen verhängnisvoll: Zum einen unterliegen sie damit einem erheblichen Verheimlichungsstress mit seinen unheilvollen, im körperlichen wie im psychischen Bereich sich auswirkenden gesundheitsschädlichen Folgen. Zum anderen fehlt es dadurch den lesbischen und schwulen Kindern und Jugendlichen an sichtbaren und unmittelbar erlebbaren Identifikationspersonen, die für ihre Entwicklung wichtig wären.

Ein weiteres in der Öffentlichkeit verbreitetes negatives Bild beinhaltet die Vorstellung, homo- und bisexuelle Menschen seien »beziehungsunfähig« und würden ein »promiskes« Leben führen. Verinnerlichen Jugendliche ein solches Vorurteil, so kann dies zu großen Problemen in ihren späteren Partnerschaften führen, indem die Partner*innen beispielsweise gegenseitig aufeinander das verinnerlichte Bild der/des »untreuen« Partner*in projizieren und am Gegenüber bekämpfen.

2.4 Diskriminierungen

Es wäre eine grobe Verkennung der Realität, würden wir annehmen, dass in der Gegenwart die Akzeptanz von Menschen mit einer Transgeschlechtlichkeit sowie mit homo- und bisexuellen Orientierungen groß sei und Diskriminierungen keine Rolle mehr spielten. Gewiss hat sich in den westlichen Ländern vieles verbessert. Dies zeigt sich beispielsweise daran, dass Lesben, Schwule und Bisexuelle ebenso wie trans Menschen vermehrt in der Öffentlichkeit sichtbar sind und in politischen Ämtern, im Bildungswesen, in den großen Konzernen und an anderen exponierten Stellen in unserer Gesellschaft erscheinen. Außerdem hat sich etliches im Hinblick auf die rechtliche Gleichstellung mit heterosexuellen und cis Menschen verbessert.

So besteht heute in etlichen Ländern für Lesben und Schwule die Möglichkeit, eine Ehe einzugehen oder zumindest ihre Partnerschaft eintragen zu lassen. Dabei ist allerdings zu berücksichtigen, dass in einigen dieser Länder noch keine völlige Gleichstellung erreicht ist. So haben beispielsweise in Deutschland die Partnerinnen in gleichgeschlechtlichen Ehen, im Gegensatz zu Frauen in heterosexuellen Ehen, keinen Zugang zur Reproduktionsmedizin. Auch bezüglich des Adoptionsrechts bestehen nach wie vor Unterschiede zwischen hetero- und homosexuellen Ehen.

Wesentlich geringere Fortschritte hinsichtlich der rechtlichen Gleichstellung finden wir bei Menschen mit einer Transgeschlechtlichkeit. Gewiss hat sich auch bei ihnen einiges verbessert, zum Beispiel durch den Entscheid des Deutschen Bundesgerichts aus dem Jahre 2011, dass eine Vornamens- und Personenstandsänderung vorgenommen werden kann, ohne dass irgendwelche körperlichen Angleichungen erfolgt sind. Die gleiche Regelung gilt auch für Österreich.

Aber nach wie vor sind trans Menschen bei allen Schritten auf ihrem Weg der Transition auf Gutachten und Berichte von Fachleuten angewiesen. Die Fachleute müssen die Diagnose »Transsexualismus« oder »Genderdysphorie« stellen und müssen bestätigen, dass sich das Geschlechtsempfinden »nach den Erkenntnissen der medizinischen Wissenschaften (…) mit hoher Wahrscheinlichkeit nicht mehr ändern« wird, wie es im deutschen Transsexuellengesetz heißt. Dies bedeutet, dass Menschen mit einer Transgeschlechtlichkeit nach wie vor einer *extremen Fremdbestimmung* ausgesetzt sind.

So hat eine große, mehr als 670 Gutachten zu Anträgen nach dem Transsexuellengesetz (TSG) berücksichtigende Analyse hinsichtlich der Quote von Ablehnungen erwiesen, dass in diesen Gutachten weniger als 1 Prozent Ablehnung der Vornamens- und Personenstandsänderung empfohlen wurde (Meyenburg, 2016; Meyenburg et al., 2015; s. auch Schmidt, 2013; Pfäfflin, 2011; Sigusch, 1991). In Bezug auf erwachsene trans Personen haben die Expert*innen deshalb eine Novellierung bzw. die Abschaffung des TSG empfohlen, da die jetzige Praxis unnötige Kosten verursache und für die Antragsteller*innen unzumutbare Belastungen mit sich bringe. Die Hoffnung war damals (2015/2016), dass die deutsche Bundesregierung diese Änderungen bis 2017 beschließen würde, was jedoch bedauerlicherweise nicht erfolgt ist.

In Bezug auf Minderjährige konnten sich die Expert*innen nicht zu einer einheitlichen Stellungnahme durchringen (Meyenburg, 2016). Einige Expert*innen warnten vor einer »zu frühen« Vornamens- und Personenstandsänderung, andere wiesen auf die unzumutbaren Belastungen hin, die Kinder und Jugendliche zu ertragen haben, wenn ihnen die Möglichkeiten dieser Änderungen zu lange vorenthalten bleiben. Die jüngste Pressemitteilung des Deutschen Ethikrates (2020) mit »Empfehlungen zu Trans-Identität bei Kindern und Jugendlichen« betont jedoch:

- »Das allgemeine Persönlichkeitsrecht umfasst auch das Recht, ein Leben entsprechend der eigenen, subjektiv empfundenen geschlechtlichen Identität zu führen und in dieser Identität anerkannt zu werde«;
- »Ist das Kind hinreichend einsichts- und urteilsfähig, um die Tragweite und Bedeutung der geplanten Behandlung zu verstehen, sich ein eigenes Urteil zu bilden und danach zu entscheiden, muss sein Wille maßgeblich berücksichtigt werden. Ohne seine Zustimmung oder gar gegen seinen Willen – allein aufgrund der Einwilligung seiner Eltern – darf das Kind dann nicht behandelt werden«

Es hat zwar im Verlauf der vergangenen Jahre eine Entpathologisierung der Transgeschlechtlichkeit stattgefunden. Wesentliche Beiträge dazu haben die »*Yogyakarta Principles on the Application of International Human Rights Law in Relation to Sexual Orientation and Gender Identity plus 10*« (2017) und die »*World Professional Association for Transgender Health (WPATH)*« (2012) geliefert. Diese Leitlinien sind jedoch nicht rechtsverbindlich. Immerhin plädieren beide dafür, den trans Personen wesentlich größere Selbstentscheidungskompetenzen zuzubilligen als bisher.

In die gleiche Richtung zielt die im Oktober 2018 in Deutschland veröffentlichte Leitlinie »*Geschlechtsinkongruenz, Geschlechtsdysphorie und Trans-Gesundheit: S3-Leitlinie zur Diagnostik, Beratung und Behandlung*« (Deutsche Gesellschaft für Sexualforschung, 2018). Auch in dieser Leitlinie wird den trans Personen mehr eigene Entscheidungskompetenz gegeben. Das gleiche gilt für die von einer Schweizer Arbeitsgruppe erarbeiteten und publizierten Empfehlungen für den Umgang mit trans Menschen (Garcia et al., 2014) sowie für die Forderungen an die medizinischen Instanzen und an die Politik der Bundesvereinigung Trans* (2017). Alle diese Leitlinien und Empfehlungen sind indes nicht bindend (Rauchfleisch, 2016, 2019a, 2019b).

Die Diskriminierungen, wie homo- und bisexuelle ebenso wie Menschen mit einer Transgeschlechtlichkeit sie in vielfältiger Art im Alltag erleben (Guasp, 2012; Kosciw et al., 2016; Pfister, 2006; Plöderl & Fartacek, 2009), haben verhängnisvolle Folgen für ihre psychische Gesundheit und ihr Wohlbefinden. Auch in dieser Hinsicht ist die Situation für trans Menschen nochmals schwieriger als für Homo- und Bisexuelle.

Im Leben von Kindern und Jugendlichen sind es zum einen die *Verletzungen*, die sie durch Ablehnung ihrer Identitäten in der Herkunftsfamilie erleiden (Dworek, 2010; Steffens et al., 2010). Ich habe oben bereits auf die Traumatisierungen und ihre unheilvollen Folgen hingewiesen. In Begleitungen des Transitionsprozesses von Kindern und Jugendlichen sind diese Traumatisierungen unbedingt zu beachten und die Ursachen soweit wie möglich zu beseitigen (▶ Kap. 5.6).

Zum anderen sind es Erfahrungen von *Bullying* in der Schule, in Sportverbänden und anderen Kinder- und Jugendorganisationen. Oft reicht es bereits aus, dass ein Kind als homosexuell oder trans empfunden wird, damit es zu Ausgrenzungen und psychischen ebenso wie physischen Gewaltakten diesem Kind gegenüber kommt. Besonders gefährdet sind diese Kinder in Schulen mit einem großen Anteil von Kindern, die aus stark hierarchisch organisierten Familien mit traditionellen Männer- und Frauenbildern stammen, seien diese muslimischer, christlicher oder jüdischer Art.

So zeigt die große, in verschiedenen europäischen Ländern bei 1 500 Schüler*innen durchgeführte Schoolmates-Studie (2008, 2009a, 2009b), dass die Jugendlichen im laufenden Jahr mindestens eine homophob (homonegativ) motivierte Bullying-Episode in ihrem Umfeld beobachtet haben. Die Schülerinnen nehmen diese Gewalttaten sensibler wahr als die Schüler. Außerdem geschieht Bullying in erster Linie, wenn keine Erwachsenen präsent sind. Das heißt, es gibt recht viele Opfer, die aber von den Lehrer*innen und anderem Schulpersonal kaum wahrgenommen und somit auch nicht geschützt werden.

Die Schoolmates-Studie weist darauf hin, dass Bullying aufgrund der sexuellen Orientierungen *schwerwiegende Folgen* für die Opfer hat: unter anderem Verlust von Selbstwertgefühl, Leistungsabfall, sozialer Rückzug, Depressionen, Angststörungen und sogar Suizid(versuche).

> Die 14-jährige Annika war ein schüchternes, für ihr Alter eher kleines Mädchen. Seit einigen Jahren hatte sie gespürt, dass Mädchen eine große erotische Anziehungskraft auf sie ausübten. Im vergangenen Jahr hatte sie sich in eine Klassenkameradin verliebt, hatte aber nicht gewagt, sich ihr mitzuteilen. Annikas Mutter hatte gemerkt, dass irgendetwas mit der Tochter nicht stimmte, und hatte sie

schließlich direkt gefragt, ob sie verliebt sei. Im Sinne der heterosexuellen Vorannahme war die Mutter davon ausgegangen, die Tochter habe sich in einen Jungen verliebt. Unter Tränen hatte Annika aber der Mutter gestanden, sie sei in eine Mitschülerin verliebt.

Annikas Eltern hatten verständnisvoll reagiert. Da Annika jedoch immer verschlossener und bedrückter wurde, machten sich die Eltern Sorgen, zumal sie befürchteten, die Tochter könne suizidal werden. Sie meldeten sich deshalb bei mir und baten mich, die Tochter in dieser für sie schwierigen Zeit therapeutisch zu begleiten.

In einem Gespräch mit einer Schulkollegin hatte Annika ihr anvertraut, dass sie lesbisch sei. Diese Freundin hatte sich daraufhin abrupt von Annika zurückgezogen und hatte einigen ihrer Freund*innen erzählt, Annika sei lesbisch. In dieser Zeit begannen zwei 16-jährige Jungen aus einer höheren Klasse Annika das Leben schwer zu machen, indem sie sie auf dem Schulhof anrempelten, ihr mit der Faust drohten und ihr Fratzen schnitten, wenn sie ihr begegneten, Annika ertrug das alles, ohne irgendjemandem davon zu berichten.

In einer gemeinsamen Sitzung mit der Mutter und Annika berichtete die Mutter, Annika klage in letzter Zeit am Morgen, bevor sie zur Schule gehe, häufig über Übelkeit und Kopfschmerzen. Manchmal seien diese Beschwerden so stark und die Stimmung dermaßen gedrückt, dass die Tochter zu Hause bleiben müsse. Da Annika im Gespräch mit mir schon ein einige Male angedeutet hatte, dass einige Jugendliche »blöde Sprüche« über sie machten, vermutete ich, dass sie Opfer von Bullying geworden war, dies aber noch nicht offen zu kommunizieren wagte. Ich sprach deshalb dieses Thema direkt an.

Annika brach in Tränen aus und berichtete der Mutter und mir, dass in den letzten Monaten zwei ältere Schüler ihr immer wieder auf ihrem Weg von der Schule nach Hause auflauerten und sie aufs Übelste beschimpften. Sie würden ihr nachschreien, sie sei eine »Lesbenfotze« und sie müsste »mal so richtig drangenommen werden«, dann würde sie schon wissen, was eine Frau brauche. Immer wieder hätten die Jungen mit ihren Handys auch Fotos von ihr gemacht, wenn sie in diesen Situationen in Tränen ausgebrochen sei, und hätten gedroht, sie würden diese Bilder ins Netz stellen. Einige Male seien die Jungen ihr bedrohlich nahegekommen, so dass sie befürchtet habe, sie würden ihr physisch Gewalt antun. Zufällig seien Passanten darauf aufmerksam geworden und hätten die Jungen weggejagt.

Auf die entsetzte Frage der Mutter, warum sie ihr denn nie etwas davon gesagt habe, berichtete Annika, die Jungen hätten ihr gedroht, sie »fertig zu machen«, wenn sie mit irgendjemandem darüber spreche. Oft sei die Angst vor erneuten Belästigungen dieser Art am Morgen so stark, dass ihr übel sei und sie Kopfschmerzen bekomme. Vielfach könne sie deshalb am Abend auch schlecht einschlafen, wache in der Nacht schweißgebadet auf oder erwache schon früh am Morgen um vier oder halb fünf voller Angst vor erneuten Belästigungen.

Wir besprachen Strategien, wie am besten mit dieser Situation umzugehen sei. Dazu gehörten Kontakte mit der Schulleitung und der Schulsozialarbeiterin sowie eine Anzeige gegen die Jungen, die Annika bedroht hatten. Zu letzterem riet uns ein Mitarbeiter einer Kriseninterventionsstelle für Opfer von Bullying.

Bereits das offene Gespräch zwischen Annika, ihrer Mutter und mir brachte Annika eine spürbare Erleichterung. Dass sich dann verschiedene Erwachsene für sie einsetzten, hatte eine weitere positive Wirkung auf sie. Und nachdem das Bullying von der Schulsozialarbeiterin in Annikas Klasse thematisiert worden war, erboten sich schließlich auch einige Mitschüler*innen, Annika in nächster Zeit auf ihrem Heimweg zu begleiten.

Es sei hier noch ergänzt, dass sich bei der Klärung der Situation herausstellte, dass die beiden älteren Jungen immer wieder auch einen 12-jährigen Jungen verfolgt und sogar tätlich angegriffen hatten, weil sie vermutet hatten, er sei schwul. Indes gab es keinerlei Hinweise darauf, dass dem so sei. Der Junge war lediglich scheu, hatte etwas längere Haare als die anderen Gleichaltrigen und hielt sich meist fern von den Klassenkameraden.

Die oben erwähnten Bullying-Studien belegen, dass es tatsächlich oft auch Bullying gegenüber Kindern gibt, die nur vermeintlich lesbisch oder schwul sind. Es reicht aus, dass ein Kind in irgendeiner Hinsicht »anders« aussieht oder sich »anders« als die anderen Kinder verhält, und schon wird diesem Kind das Etikett »lesbisch« oder »schwul« angeheftet und es wird zum Ziel von gewalttätigen Übergriffen.

In der therapeutischen Begleitung von trans, bi- und homosexuellen Kindern und Jugendlichen sollten wir stets daran denken, dass sie leicht Opfer von Bullying werden können. Ich frage deshalb oft auch direkt danach und habe einige Male erlebt, dass die Kinder dann zuerst zögernd, schließlich aber völlig offen von den Belästigungen berichteten. Wie die Situation von Annika erkennen lässt, haben solche Bullyingerfahrungen eine sehr negative Wirkung auf die Kinder (Angst, Depressionen, Schlafstörungen, körperliche Beschwerden). Dadurch, dass sie Angst haben, den Erwachsenen von den Bedrohungen zu berichten, wird die Situation nochmals schlimmer für sie, weil sie sich so völlig allein und gänzlich hilflos fühlen.

Es sei im Zusammenhang mit Diskriminierungserfahrungen noch auf die besondere Situation von Kindern und Jugendlichen *mit Migrationshintergrund* hingewiesen. Für sie ist es nochmals schwieriger, ein Coming Out zu durchlaufen. Ihre oft auf traditionell patriarchalen Normen basierenden Familien dulden im Allgemeinen absolut keine gleichgeschlechtlichen Orientierungen und Lebensweisen oder Transgeschlechtlichkeit. Wird von einem Familienmitglied bekannt, dass es lesbisch oder schwul oder trans ist, muss diese Person mit massiver Einschüchterung und Gewalt rechnen. Wenn ein solcher Jugendlicher überhaupt ein Coming Out wagt, so kann dies in der Regel nur für den Preis eines totalen Bruchs mit der Herkunftsfamilie geschehen. Aber selbst dann werden die Betreffenden häufig Opfer von massiven Drohungen und Verfolgung.

> Eine letztlich auch für mich bedrohliche Situation entstand, als Ahmed, ein 15-jähriger Jugendlicher, dessen Eltern aus Afghanistan stammten, mich aufsuchte. Er stand eines Morgens unangemeldet vor der Tür meines Sprechzimmers und bat mich inständig um Rat.
>
> Er sei schwul und habe am Abend des vergangenen Tages endlich den Mut aufgebracht, seinen Eltern und den beiden älteren Brüdern zu sagen, dass er schwul sei. Zuerst hätten alle gelacht und gefunden, das sei ein »toller Witz«. Als Ahmed aber ernst geblieben sei und unter Tränen gesagt habe, er spüre seine Homosexualität schon seit etli-

chen Jahren und könne sich nicht davon distanzieren, sei es zu einer heftigen Szene gekommen. Die Mutter sei in Tränen ausgebrochen und der Vater und die Brüder hätten ihn beschimpft und ihm gesagt, dass dies nach dem Koran eine schwere Sünde sei und mit schweren Strafen, bis hin zur Todesstrafe, geahndet werde. Sie hätten ihm angedroht, wenn er das je in die Tat umsetze oder irgendjemandem davon erzähle, würden sie ihn totschlagen.

Die drei Männer seien so bedrohlich geworden, dass er befürchtet habe, sie würden ihn verprügeln. Ahmed vermutete, sie hätten sich davon nur abhalten lassen, weil er weinend zusammengebrochen sei und die Mutter ihn in ihre Arme geschlossen habe. An diesem Abend habe niemand mehr das Thema Homosexualität erwähnt. Am heutigen Morgen habe der Vater ihn wütend angeschaut und ihm gesagt, er werde jetzt mit einer ebenfalls aus Afghanistan stammenden Familie eine Hochzeit von Ahmed mit der Tochter dieser Familie arrangieren.

Ahmed hatte an diesem Morgen voller Angst mit einem Schweizer Klassenkameraden, der auch schwul war, telefoniert und ihn gefragt, was er tun solle. Der Kollege habe ihm geraten, sich an mich zu wenden (der andere Jugendliche war selbst früher im Rahmen seines Coming Out einige Male bei mir gewesen). Ahmed war deshalb an diesem Morgen nicht zur Schule gegangen, sondern hatte mich aufgesucht.

Ich versuchte, mit dem Jugendlichen zu klären, wie ernst die Bedrohung durch den Vater und die Brüder sei, und schlug ihm vor, dass wir am besten ein Gespräch zusammen mit den übrigen Familienangehörigen führen sollten. Vielleicht würde es mir gelingen, sie davon zu überzeugen, dass Homosexualität auch im Islam nicht unbedingt als schwere Sünde angesehen werde.

Da ich seit vielen Jahren Arabisch gelernt habe, hatte ich mich auch über die Auffassung des Korans zur Homosexualität informiert (zu diesem Thema s. u. a. Mohr, 2004, und Klauda, 2010). Ich habe Ahmed erklärt, dass ich bei meiner Beschäftigung mit der arabischen Sprache, der Kultur und dem Islam erfahren habe, dass einige Passagen des Korans die zum Teil gleichen Schilderungen enthalten wie die Bibel, z. B. die Geschichte von Sodom und Gomorrha. Koran-Wissenschaftler würden aber darauf hinweisen, dass in den betreffenden Suren weniger Homosexualität im Sinne einer gleichgeschlechtlichen Beziehung gemeint sei, sondern dass es hier – wie in der christlichen Deutung der Lot-Geschichte – um die Verletzung des Gastrechts gehe. Letztlich würden die Passagen im Koran wenig zum Umgang mit homosexuellen Menschen sagen. Vor allem gebe es im Koran keinen Hinweis auf so drakonische Strafen wie die Sharia, die zum Teil sogar im Widerspruch zu den Aussagen von Mohammed steht, sie ausspricht.

Ahmed hatte mir interessiert zugehört und sich etwas beruhigt. Er bezweifelte jedoch, dass seine Familie mir überhaupt zuhören würde, wenn ich ihnen dies erklären wolle. Sein Vater und die beiden Brüder seien überzeugt davon, dass Homosexualität eine schwere Sünde sei und Ahmed, wenn irgendjemand von seiner Homosexualität erführe, die ganze Familie »in Verruf« bringen werde. Dennoch beschlossen wir, dass ich die Familie zu einem Gespräch einlüde. Ich würde schreiben, dass Ahmed bei mir Rat gesucht habe und ich deshalb ein gemeinsames Gespräch vorschlüge. Dabei mussten wir in Kauf nehmen, dass sich die Mutter wegen ihrer geringen Sprachkenntnisse wenig äußern würde und Ahmed und der Vater ihr das, was wir besprächen, übersetzen müssten.

Ich habe in Ahmeds Gegenwart den Brief an die Familie geschrieben und einen Termin für den übernächsten Tag vorgeschlagen. Zu diesem Gespräch ist es indes nicht gekommen. Ahmed rief mich am folgenden Tag an und berichtete mir, sein Vater habe sehr verärgert reagiert, weil Ahmed mich aufgesucht habe. Außerdem sei er empört gewesen, dass ich die Familie zu einem Gespräch eingeladen hätte. Das sei eine Sache, die nur die Familie angehe. Ahmed war besorgt um mich und meinte, der Vater habe drohend gesagt, er werde sich überlegen, was er gegen mich unternehmen würde.

Das Fazit unseres Telefongesprächs war, dass Ahmed der Ansicht war, unter diesen Umständen habe ein gemeinsames Gespräch keinen Sinn. Bei Bedarf werde er sich wieder an mich oder auch an die Homosexuelle Arbeitsgruppe in Basel wenden. Außerdem werde er von seinem schwulen Klassenkameraden und dessen Eltern unterstützt und werde im Notfall bei dieser Familie Schutz suchen.

Ich habe ihn in diesem Zusammenhang noch auf die Kinder- und Erwachsenenschutzbehörde (KESB), eine der deutschen Vormundschaftsbehörde ähnliche Institution, hingewiesen, bei der er sich auch Hilfe holen könne. Schließlich fiel mir noch ein aus Ägypten stammender Kollege ein, dessen Adresse ich Ahmed ebenfalls gegeben habe. Vielleicht würde sein Vater einen aus einem islamischen Land stammenden Psychiater eher akzeptieren.

Insgesamt blieb bei mir ein zwiespältiges Gefühl zurück. Ich hatte einerseits den Eindruck, das getan zu haben, was ich als Außenstehender in dieser Situation tun konnte. Andererseits fühlte ich mich in Anbetracht der Äußerungen des Vaters auch persönlich bedroht. Und schließlich tat es mir leid, dass ich dem Jugendlichen keine effizientere Hilfe hatte leisten können.

Die von mir in diesem Fall beobachtete Schwierigkeit des Coming Out eines Jugendlichen, der aus einem islamischen Land stammte, wird durch die Resultate einer deutschen Studie zum Thema »Lebenssituation von Lesben und Schwulen mit Migrationshintergrund« (Steffens et al., 2010) bestätigt. Auch wenn in dieser Studie nur eine kleinere Anzahl von jungen Erwachsenen unter 20 Jahren vertreten ist, sind doch die Hauptbefunde auch relevant für die Situation von Kindern und Jugendlichen mit gleichgeschlechtlichen Orientierungen. Der Vergleich von Lesben und Schwulen mit und ohne Migrationshintergrund zeigte die folgenden Resultate:

- der *Migrationshintergrund an sich ist kein Risikofaktor* für körperliche und psychische Gesundheit und geringen Selbstwert;
- insgesamt stellt die Auseinandersetzung mit der eigenen Homosexualität für Jugendliche mit und ohne Migrationshintergrund eine erhebliche Belastung dar: So haben 12 % der Befragten bereits an Suizid gedacht bzw. einen Suizidversuch unternommen und 15 % haben versucht, ihre sexuelle Orientierung zu verändern;
- die Lesben und Schwulen in der Gruppe mit Migrationshintergrund haben *seltener ein Coming Out* durchlaufen;
- die Eltern der Migrationsgruppe äußerten häufiger negative Reaktionen, weil sie die Homosexualität ihrer Kinder als *Verletzung von mora-*

lischen und religiösen Werten empfanden. Die größte Ablehnung zeigten die Eltern, die aus einem Land mit scharfer Verurteilung von Homosexualität kamen und wenig Kontakt zu deutschen Eltern hatten;
- umgekehrt zeigt sich, dass die Eltern umso *positiver* mit der Homosexualität ihrer Kinder umgehen, je mehr *persönliche Kontakte sie zur einheimischen Bevölkerung* haben. Daraus resultiert für pädagogische Handlungsschwerpunkte, dass der Kontakt zu anderen Kulturen aktiv gesucht werden muss (Borchardt, 2010, S. 109). Eine wichtige Schlüsselrolle im Coming Out in Migrationsfamilien spielen die *Geschwister*, die im Allgemeinen positiver reagieren (Borchardt, 2010, S. 111);
- das *Selbstbild* von Lesben und Schwulen mit Migrationshintergrund *ist weniger positiv* und ihre allgemeine *Lebenszufriedenheit* und die *soziale Unterstützung* aus dem Freundeskreis sind *weniger hoch*;
- insgesamt gilt, dass »Lesben und Schwule mit Migrationshintergrund zum Teil *besonderen Stressfaktoren* wie Erlebnissen von Gewalt und Diskriminierung ausgesetzt« (Steffens et al., 2010, S. 103) sind.

Wie erwähnt, sehen sich Menschen mit Transgeschlechtlichkeit einem noch größeren Spektrum von Diskriminierungen gegenüber als Homo- und Bisexuelle. Es sind Traumatisierungen, die sie in Kindheit und Jugend durch die Ablehnung von Seiten ihrer Bezugspersonen, bis hin zu Gewalttätigkeiten ihnen gegenüber, erleiden. Vielfach werden Jugendliche in ihrer Geschlechtlichkeit in der Familie nicht ernst genommen. Insbesondere trans Mädchen und junge trans Frauen berichteten, selbst in der Familie beschimpft oder lächerlich gemacht (22 %) oder körperlich angegriffen worden zu sein (6 %; bei nicht-binären Jugendlichen 8 %) (Krell & Oldemeier, 2017 S. 163). Auch in der Schule sind dieser Studie zufolge Beleidigungen (44 %) und Ausgrenzung (36 %) eine Alltagserfahrung dieser Kinder und Jugendlichen (Krell & Oldemeier, 2017, S. 169).

Häufig sind es auch weniger offenkundige, aber die trans Kinder und Jugendlichen nicht minder verletzende Erfahrungen wie die Tatsache, dass die von ihnen gewünschte Geschlechtszugehörigkeit ignoriert wird, sie nicht mit dem gewünschten Namen und dementsprechend nicht mit dem für sie richtigen Pronomen angesprochen werden oder ihnen mit Voyeurismus begegnet wird und sich andere über sie lustig machen.

In einer besonders schwierigen Situation befinden sich trans, bi- und homosexuelle Jugendliche und junge Erwachsene, die wegen ihrer Identität und ihrer sexuellen Orientierung in den europäischen Ländern ein *Asylgesuch* stellen. In den UNHCR-Richtlinien zum Internationalen Schutz, Nr. 9 (UNCHR, 2012) heißt es zwar bei den Anträgen auf Anerkennung als Geflüchtete aufgrund der sexuellen Orientierung und/oder der geschlechtlichen Identität, dass die sexuelle Orientierung und die Geschlechtsidentität gemäß der Genfer Flüchtlingskonvention von 1951 für Personen gilt, die ihre Identität im Herkunftsland verbergen müssen. Dies gelte als Aufnahmegrund, weil die Diskriminierung, die diese Menschen in ihren Herkunftsländern erlitten, einer Verfolgung gleichkomme.

Dabei wird darauf hingewiesen, dass LGBTIQ*-Personen während des gesamten Verfahrens zur Feststellung der Flüchtlingseigenschaft ein »unterstützendes Umfeld benötigen, damit sie ihren Antrag vollständig und frei von Furcht einbringen können« (UNCHR, 2012, Nr. 58). Bei der Beurteilung der Anträge sei von der eigenen Aussage der Antragsteller*innen auszugehen. Eine medizinische »Austestung« der sexuellen Orientierung von Antragstellenden sei eine Verletzung der grundlegenden Menschenrechte und dürfe nicht stattfinden (UNCHR, 2012).

In den Qualifikationsrichtlinien der EU (EU Qualifikationsrichtlinie, 2011/95/EU) werden die sexuelle Orientierung und die Geschlechtsidentität ebenfalls als Kriterien genannt, in den EU-Aufnahmerichtlinien (2013/33/EU) hingegen nicht explizit als Aufnahmekriterium erwähnt. Im Asylgesetz der Schweiz werden die sexuelle Orientierung und die Geschlechtsidentität überhaupt nicht erwähnt. Das Schweizer Staatssekretariat für Migration (SEM) erkennt aber in seinem Handbuch »Asyl und Rückkehr« (SEM Handbuch Asyl und Rückkehr, Artikel D2; zit. nach Queeramnesty 2019) an, dass die sexuelle Orientierung und die Geschlechtsidentität grundlegende Bestandteile der menschlichen Identität sind und Lesben, Schwule und trans Menschen deshalb unter das Kriterium fallen, Angehörige einer »bestimmten sozialen Gruppe« und damit schutzbedürftig zu sein.

Diese Diskrepanzen zwischen den UNHCR-Richtlinien und den nationalen Aufnahmerichtlinien lassen deutlich werden, welche großen Probleme Lesben, Schwule und Menschen mit Transgeschlechtlichkeit in unseren Ländern haben, ihre Identität als Asylgrund geltend zu machen (vgl. die Berichte von Amnesty International und Queeramnesty). Dies trifft in ganz besonderem Maße für Kinder und Jugendliche zu, die sich im Allgemeinen in einer rechtlich sehr unsicheren Situation befinden, aufgrund ihres Alters kaum über die nötigen sozialen Kompetenzen verfügen, um ihre Aussagen glaubwürdig zu vertreten, und die prinzipiell große Hemmungen haben, über ihre Orientierung und Geschlechtlichkeit zu sprechen.

Wie Erfahrungen von Amnesty International und Queeramnesty zeigen, werden in den Befragungen von LGBTIQ*-Kindern und Jugendlichen, aber auch von Erwachsenen die vom UNHCR formulierten Bedingungen längst nicht immer eingehalten.

Dies steht im Widerspruch zu Entscheiden des Europäischen Gerichtshof (EuGH) in Luxemburg. So hat der EuGH in einem Entscheid (EuGH AZ: C-148/13 bis C-150/13) anlässlich der in den Niederlanden abgelehnten Asylgesuche von drei jungen Männern, die in ihrem Heimatland Verfolgung wegen ihrer Homosexualität befürchteten, ausdrücklich darauf hingewiesen, dass eine sorgsame und vorurteilsfreie Prüfung vorgenommen werden müsse. Jeder Fall müsse individuell untersucht werden, und die Behörden dürften sich in ihren Entscheidungen nicht auf Stereotype über Lesben und Schwule stützen. Die Asylbewerber dürften zwar zu Ereignissen und Umständen befragt werden, die die behauptete sexuelle Ausrichtung eines Asylbewerbers betreffen, jedoch nicht zu Einzelheiten ihrer sexuellen Praktiken. Dies verstoße gegen das Recht auf die Achtung des Privat- und Familienlebens. Die Fragen nach der sexuellen Orientierung beträfen eine sehr sensible Sphäre. Es sei deshalb nicht davon auszugehen, dass die Antragsteller kohärente und plausible Aussagen darüber machten.

In Anbetracht dieser Hinweise mutet es geradezu grotesk an, dass das Verwaltungsgericht Karlsruhe 2017 (VG Karlsruhe AZ A 4 K 16909/17, zit. nach »Tageszeitung junge Welt« 21./22.03.2020, da der direkte Zugang zu diesem Urteil des Verwaltungsgerichts Karlsruhe gesperrt ist!) die Klage eines jungen Nigerianers gegen die Ablehnung seines Asylantrags damit begründet hat, seine Beschreibung des Analverkehrs, den er mit einem Freund gehabt habe, sei nicht glaubhaft. In der Urteilsbegründung heißt es: im Falle der Analpenetration müsse bei einem erstmaligen Verkehr der Schließmuskel vorbereitet werden – das hatte der Nigerianer in seiner Schilderung, wie er den Freund penetriert hatte, nicht erwähnt – und außerdem sei es unglaubwürdig, dass der Penetrierte den sexuellen Verkehr mit dem Asylsuchenden genossen habe, da bei einer erstmaligen Analpenetration Schmerzen auftreten müssten.

Wie diese Beispiele zeigen, werden bei Befragungen in Asylverfahren, in denen Homosexualität und Transgeschlechtlichkeit angegeben werden, längst nicht immer die Richtlinien der internationalen Gerichte eingehalten. Es ist deshalb besonders wichtig, dass trans, bi- und homosexuelle Kinder und Jugendliche, die als Flüchtlinge zu uns kommen, psychologisch und juristisch unterstützt werden. Zudem sind sie, nicht zuletzt wegen der vielfach bisher erlittenen sexuellen Traumata, in ganz besonderer Weise auf therapeutische Hilfe und Begleitung angewiesen.

2.5 Auslösen von Irritation in der Umgebung

Dies ist eine Besonderheit, die vor allem Kinder und Jugendliche mit Transgeschlechtlichkeit betrifft. Indem sie sich nicht-geschlechtsrollenkonform präsentieren, lösen sie in ihrer Umgebung häufig große Irritation bis hin zu heftiger Ablehnung aus. Es liegt auf der Hand, dass dadurch gerade die Kinder und Jugendlichen, die *in ihrer Identität und ihrer sozialen Rolle noch unsicher* sind, besonders verletzt werden.

Hinzu kommt, dass in dieser Altersstufe der *Peer-Group* eine große Bedeutung zukommt. Wenn von ihrer Seite her massive Ablehnung erfolgt, trifft dies die trans Kinder und Jugendlichen besonders hart. Immer wieder berichten trans Heranwachsende von entwertenden Äußerungen über ihr nicht-geschlechtsrollenkonformes Erscheinungsbild, vom Lächerlich-gemacht-Werden und von Anfeindungen, bis hin zu manifester Gewalt, die sie von Seiten ihrer Peers erleben. Die Reaktion darauf sind häufig Angst, Depressivität und ein massiver sozialer Rückzug.

Aber auch Kinder und Jugendliche mit gleichgeschlechtlichen Orientierungen lösen mitunter in ihrer Umgebung Irritation aus, wenn sie sich nicht geschlechtsrollenkonform verhalten. Manchmal reicht sogar die bloße Vermutung aus, ein Kind könnte lesbisch oder schwul sein, und schon wird es zum Opfer von Bullying (▶ Kap. 2.4; Fallbeispiel des nur vermeintlich schwulen Jungen).

Im Allgemeinen sind die Reaktionen der Umgebung bei gleichgeschlechtlich orientierten Kindern aber weniger heftig als bei Kindern mit Transgeschlechtlichkeit. Oft finden die homosexuellen Kinder und Jugendlichen wenigstens bei der Gruppe des anderen Geschlechts eine gewisse Unterstützung, indem sich beispielsweise die »burschikosen« lesbischen Mädchen eher den Jungen und die eher »weich« und »empfindsam« erscheinenden schwulen Jungen den Mädchen anschließen. Aber auch – oder gerade – dann lösen diese Kinder oft Irritation in ihrer Umgebung aus und können Ziel heftiger Aggression werden.

2.6 Fehlende Vorbilder

Vorbilder, »role models« (Merton, 2012), sind für alle Menschen, ganz besonders aber für Kinder und Jugendliche wichtig. Sie haben einen starken prägenden Einfluss auf die Persönlichkeitsentwicklung der Heranwachsenden, dienen ihnen als Orientierung in einer ihnen noch weitgehend fremden Welt, sind ihnen eine Hilfe beim Erlernen von sozialen Fertigkeiten, stellen wichtige Motivationsfaktoren dar, indem die Kinder ihnen nacheifern, und stärken, wenn von ihnen positive Rückmeldungen kommen, das Selbstwertgefühl der Heranwachsenden.

Der Umgang mit Vorbildern im Verlaufe der Entwicklung ist unter psychodynamischem Aspekt die *Identifizierung* (Freud, 1921), indem das Kind das Vorbild nachahmt und es gleichsam in sich aufnimmt. Auf diese Weise wird der als Vorbild wahrgenommene Erwachsene für den Heranwachsenden zu einem Teil der eigenen Persönlichkeit. Lerntheoretisch lässt sich dieser Vorgang auch als »*Lernen am Modell*« (Bandura, 1991) beschreiben.

Die ersten Vorbilder sind die Eltern oder andere primär versorgende Menschen. Mit den weiteren Schritten des Kindes in die soziale Welt kommen andere Personen hinzu, die für die Heranwachsenden zu Vorbildern werden und damit einen prägenden Einfluss auf ihre weitere Entwicklung haben.

Im Hinblick auf Vorbilder können wir einen eklatanten Unterschied zwischen den Entwicklungsbedingungen von trans, homo- und bisexuellen Kindern einerseits und cis heterosexuellen Kindern andererseits feststellen. Den ersteren *fehlen Vorbilder* in Bezug auf Transgeschlechtlichkeit und die sexuellen Orientierungen. Der bei weitem größte Teil von Kindern wächst in unserer Gesellschaft in cis heterosexuellen Familien auf und erlebt um sich herum Familien dieser Art. Mit der Wahrnehmung, nicht cis und/oder nicht heterosexuell zu sein, und bei der Suche nach Lebensformen, die der eigenen Identität entsprechen, treffen diese Kinder und Jugendlichen auf Leerstellen.

Es ist eine ähnliche Situation, wie Aigner (2011) sie im Hinblick auf das Fehlen von Männern in der öffentlichen Erziehung beschrieben hat. So wie es in Kindergärten und Schulen »Public Fathers« (Aigner, 2011) braucht, die in der öffentlichen Erziehung für die Heranwachsenden eine väterliche Instanz und Rolle repräsentieren (Hopf, 2019b, S. 217), so wären auch trans und homosexuelle Frauen und Männer im Umfeld von trans, bi- und homosexuellen Heranwachsenden als Vorbilder notwendig, an denen sie sich orientieren könnten.

Die Heranwachsenden hören und lesen heute zwar mehr als vor 50 Jahren von trans, homo- und bisexuellen Menschen, die öffentliche Ämter bekleiden oder im Kunstbereich und Showbusiness tätig sind. Dies wirkt sich zweifellos günstig auf ihre Identitätsbildung aus. Aber letztlich sind diese Menschen in der Öffentlichkeit doch zu weit weg von ihnen und damit keine direkt erlebbaren Vorbilder, die einen stärker prägenden Einfluss auf sie haben könnten.

Dieses Fehlen von Vorbildern aus dem unmittelbaren Lebensumkreis betrifft im Kindes- und Jugendalter vor allem die Frage, wie *Beziehungen* eingegangen und gestaltet werden können. Cis heterosexuelle Kinder erleben die Beziehung ihrer Eltern, sehen, wie andere Familien mit ihren Beziehungen umgehen, und erhalten aus den Medien eine Fülle von Informationen über cis heterosexuelle Paare. Zudem bietet unsere Gesellschaft cis heterosexuellen Jugendlichen und Erwachsenen eine Fülle von Begegnungsmöglichkeiten, während solche sozialen Orte für trans, homo- und bisexuelle Jugendliche in weitaus geringerer Zahl bestehen. Ich werde später noch darauf eingehen, welche Rolle in diesem Zusammenhang das Internet spielt (▶ Kap. 4).

Auch cis heterosexuelle Jugendliche steuern mit klopfendem Herzen ihr erstes Date an, und auch sie erleben bei Zurückweisungen und Beziehungsabbrüchen tiefe Verletzungen. Für trans, homo- und bisexuelle Jugendliche ist die Situation indes nochmals schwieriger, weil sie sich mit der Zuwendung zu einer Person, mit der sie eine Beziehung aufnehmen wollen, ja nicht nur über ihre Liebesgefühle äußern und dadurch verletzbar machen, sondern weil sie zugleich einen Coming Out-Schritt vollziehen. Sie gehen insofern bei jedem Annäherungsversuch ein *doppeltes Risiko* ein.

Trans Jugendliche sehen sich bei der Aufnahme von Beziehungen zudem noch mit der Frage konfrontiert, wann sie ihre*n Partner*in über ihre körperliche Situation informieren sollen. Es ist für viele dieser Jugendlichen eine sehr schwierige Situation: Offenbaren sie sich sofort, wenn sie ein*e potenzielle Partner*in kennenlernen, besteht die Gefahr, dass diese Person sich unvermittelt zurückzieht. Wartet die/der trans Jugendliche hingegen zu lange mit dieser persönlichen Mitteilung, so kann es ebenfalls zu einem abrupten Rückzug des/der Partner*in kommen. Ein solcher Beziehungsabbruch kann nun in einer Situation, in der die trans Jugendlichen unter Umständen bereits starke Gefühle für die Partner*in entwickelt haben, besonders schmerzhaft sein.

Speziell belastend kann die Situation dadurch werden, dass sich die Jugendlichen in diesem Fall oft auch noch mit dem Vorwurf konfrontiert sehen: »Warum hast du mir das nicht gleich gesagt? Du hast mich belogen!«. Bei derartigen Auseinandersetzungen kann es zu erheblichen psychischen Verletzungen kommen. Außerdem müssen die trans Jugendlichen befürchten – was leider oft keine unbegründete Befürchtung ist –, dann von solchen Partner*innen gegen ihren Willen im Freundeskreis geoutet und im Kreis anderer Jugendlicher lächerlich gemacht zu werden.

Hinzu kommt, dass die Jugendlichen mit Transgeschlechtlichkeit je nach Art der körperlichen Angleichung mit den jeweilgen Partner*innen Absprachen darüber treffen müssen, wie sie die sexuellen Kontakte gestalten wollen. Einigen ist ein sexueller Kontakt vor der körperlichen Angleichung unmöglich. Andere haben damit weniger Probleme. Was geht und wie Sexualität in solchen Beziehungen gelebt werden kann, hängt natürlich auch wesentlich von den jeweiligen Partner*innen ab. Immer aber bedarf es Absprachen miteinander, die sehr persönliche Themen berühren und gerade für Jugendliche schwierig sind. Insofern braucht es viel Mut und soziale Kompetenz von trans Jugendlichen, um eine Liebesbeziehung einzugehen.

Ein Problem stellt das Fehlen von Vorbildern im unmittelbaren Lebenskreis von trans, homo- und bisexuellen Kindern und Jugendlichen auch insofern dar, als, wie oben beschrieben, viele Lehrer*innen und andere mit Kindern arbeitende Personen ihre eigene Homo- und Bisexualität oft verheimlichen. Diese Erwachsenen könnten wichtige Vorbilder für die Kinder sein. Deshalb wirkt sich ihr Nicht-sichtbar-Sein im schulischen Alltag besonders nachteilig auf diese Heranwachsenden aus.

Menschen mit Transgeschlechtlichkeit, die in pädagogischen Berufen arbeiten, gehen nach meiner Erfahrung in diesen Situationen meist etwas offener mit ihrer persönlichen Situation um. Trans Frauen, die erst im Erwachsenenalter ihre Transition gemacht haben, können oft ohnehin das Geschlecht, dem sie nach der Geburt zugewiesen worden sind, nicht völlig verbergen. Schon aus diesem Grunde offenbaren sie oft ihr Transsein. Jüngere trans Personen sind im Allgemeinen schon früh in die ihrer Identität entsprechenden Rolle hineingewachsen und haben deshalb auch in pädagogischen Berufen weniger Hemmungen, sich zu outen. Zudem sind sie nicht in dem Maß wie homosexuelle Pädagog*innen dem Verdacht ausgesetzt, eine pädophile Gefahr für Jugendliche zu sein.

Zusammenfassung

Abgesehen von grundsätzlichen Entwicklungsschritten, die für alle Kinder unseres Kulturkreises gelten, finden sich bei trans, bi- und homosexuellen Kindern und Jugendlichen etliche Bedingungen, die von denen der cis heterosexuellen Kinder abweichen. Dies sind:

- *Das Hineinwachsen in eine Welt, die sie anders erwartet als sie sind:*
  Eltern erwarten in unserer cis-heteronormativen Gesellschaft ein cis heterosexuelles Kind und nehmen während mehr oder weniger langer Zeit ihr trans, bi- oder homosexuelles Kind nicht so wahr wie es ist. Dies hat Auswirkungen auf das Kind und führt u. U. zu psychischen Verletzungen.
- *Durchlaufen eines Coming Out - Prozesses:*
  Er umfasst zwei Phasen: einen innerpsychischen Prozess (inneres Gewahrwerden und Akzeptanz der eigenen sexuellen Orientierung und der Geschlechtlichkeit) und einen sozialen Prozess (Hinaustreten mit der eigenen Identität an die Öffentlichkeit). Eltern brauchen mitunter auch Hilfe, um ihren Kindern in diesem Prozess zur Seite zu stehen.
- *Auseinandersetzung mit negativen Klischeebildern:*
  Über Menschen mit Transgeschlechtlichkeit und gleichgeschlechtlichen Orientierungen bestehen in der Öffentlichkeit z. T. negative Bilder, mit denen sich Lesben, Schwule und trans Menschen kritisch auseinandersetzen müssen: die Annahme, Lesben seien männlich, Schwule weiblich identifiziert, Transgeschlechtlichkeit sei eine Krankheit, Menschen mit gleichgeschlechtlichen Orientierungen seien pädophil. Werden diese Klischeebilder nicht hinterfragt, kann es zu einer verinnerlichten Trans- und Homonegativität kommen.
- *Diskriminierungen:*
  Heranwachsende mit Transgeschlechtlichkeit und bi- und homosexuellen Orientierungen sind in unserer Gesellschaft vielfältigen Diskriminierungen ausgesetzt, die ihre Entwicklung beeinflussen: Pathologisierung und extreme Fremdbestimmung von trans Men-

schen, Bullying von lesbischen, schwulen und trans Kindern in der Schule, Schwierigkeiten im Coming Out-Prozess beim Aufwachsen in Familien mit Migrationshintergrund, Kinder und Jugendliche im Asylverfahren.
- *Auslösen von Irritation in der Umgebung:*
Insbesondere trans Kinder und Jugendliche, aber auch bi- und homosexuelle Kinder lösen in ihrer Umgebung Irritation aus, weil sie sich nicht geschlechtsrollenkonform verhalten. Die Reaktion darauf können Diskriminierungen sein.
- *Fehlende Vorbilder:*
Insbesondere Kinder und Jugendliche sind in ihrer Entwicklung auf Vorbilder angewiesen. Trans, bi- und homosexuellen Heranwachsenden fehlen solche Leitbilder weitgehend. Dies kann zu Verunsicherungen führen.

Literatur zur vertiefenden Lektüre:

BEFAH (2003) (Hg.): *Stärke gefragt – Eltern und ihre homosexuellen Kinder.* Tagungsband Bundeselterntreffen. Berlin: BEFAH.
Krell, C. & Oldemeier, K. (2017): *Coming-out – und dann…?! Coming-out-Verläufe und Diskriminierungserfahrungen von lesbischen, schwulen, bisexuellen, trans* und queeren Jugendlichen und jungen Erwachsenen in Deutschland.* Opladen/Berlin/Toronto: B. Budrich.
Rauchfleisch, U. (2011): *Schwule. Lesben. Bisexuelle. Lebensweisen, Vorurteile, Einsichten.* 4. Aufl. Göttingen: Vandenhoeck & Ruprecht.
Rauchfleisch, U. (2012): *Mein Kind liebt anders. Ein Ratgeber für Eltern homosexueller Kinder.* Ostfildern: Patmos.
Rauchfleisch, U. (2019d): *Anne wird Tom – Klaus wird Lara. Transidentität/Transsexualität verstehen.* 3. Aufl. Ostfildern: Patmos.
Steffens, M. C., Bergert, M., Heinecke, S. (2010) Studie zur Lebenssituation von Lesben und Schwulen mit Migrationshintergrund in Deutschland. In: Familien und Sozialverein des Lesben- und Schwulenverbandes in Deutschland (LSVD) (Hg.): *Doppelt diskriminiert oder gut integriert? Lebenssituation von Lesben und Schwulen mit Migrationshintergrund in Deutschland.* 13–107. Köln: LSVD.

2 Unterschiedliche Entwicklungsbedingungen?

Weiterführende Fragen

- Wozu führt die cis heterosexuelle Vorannahme von Eltern ihren Kindern gegenüber?
- Welche Stadien umfasst der Coming Out-Prozess und welche Probleme können sich dabei ergeben?
- Welche Klischeebilder bestehen über Lesben, Schwule und trans Menschen?
- Warum ist der Abbau der verinnerlichten negativen Klischeebilder (Homo-/Transnegativität) wichtig?
- Welche Diskriminierungen erleben trans, bi- und homosexuelle Kinder und Jugendliche vor allem?
- Welche Folgen hat das Fehlen von Vorbildern?

3 Folgen des »Andersseins«

Die in vielerlei Hinsicht unterschiedlichen Bedingungen, unter denen homo-, bi und trans Kinder und Jugendliche aufwachsen, haben Auswirkungen auf ihre Entwicklung und sind bei Begleitungen und Psychotherapien dieser Heranwachsender zu beachten. Wie bereits dargestellt (▶ Kap. 2), sind es zum Teil schwierige Konstellationen. Sie erfordern Ich-Stärke und soziale Kompetenz, damit sie bewältigt werden können.

Manche von diesen Bedingungen stellen zwar Belastungen dar, müssen sich aber nicht unbedingt entwicklungsbehindernd auswirken, wie ich noch zeigen werde (▶ Kap. 6). Im vorliegenden Kapitel geht es zunächst um die eher negativen Folgen des »Andersseins«, wie Menschen mit Transgeschlechtlichkeit sowie Homo- und Bisexuelle sie im Verlauf ihrer Entwicklung erleben.

3.1 Das Erleben von Stress

Ich habe bei meinen vorherigen Ausführungen (▶ Kap. 2) darauf hingewiesen, dass etliche der Bedingungen, unter denen trans, bi- und homosexuelle Kinder aufwachsen, Stress auslösen, der im Sinne des *Disstress* eine mehr oder weniger große Belastung darstellt. Wie die Stressforschung (vgl. Selye, 1976; Lazarus, 1999) zeigt, entsteht Disstress vor allem in Situationen, die als unangenehm, peinlich, bedrohlich, überfordernd und Angst und Hilflosigkeit auslösend erlebt werden.

Im Leben von trans-, bi- und homosexuellen Kindern und Jugendlichen fallen viele Situationen in diese Kategorie. Die Anstrengungen, die sie aufwenden müssen, um sich ihrer Identität und Orientierung bewusst zu werden und sie schließlich zu akzeptieren, die Ängste und die zum Teil real erlebten Verletzungen im Coming Out-Prozess, die Konflikte in Familie, Schule und im weiteren sozialen Umfeld, die vielen Anpassungsleistungen an neue Lebensumstände – all dies sind stressbeladene Lebensereignisse (Holmes & Rahe, 1967), für deren Bewältigung diese Kinder und Jugendlichen oft keine angemessenen Coping-Strategien besitzen, sondern die sie sich im Verlauf ihrer Entwicklung erst erarbeiten müssen (▶ Kap. 5).

Eine besonders belastende Rolle spielen dabei zwei spezielle Stressarten: der *Minoritäten- und der Verheimlichungsstress* (Meyer, 2003, 2010; Stächele & Volz, 2013). Sowohl Menschen mit Transgeschlechtlichkeit als auch Menschen mit homo- und bisexuellen Orientierungen stellen zahlenmäßig eine *Minorität* dar und sind in unserer Gesellschaft von Kindheit an permanent dem Majoritätsdruck der Cis- und Heteronormativität ausgesetzt. Dies zeigt sich beispielsweise in den Kinder- und Jugendbüchern, in denen trans und gleichgeschlechtlich orientierte Protagonist*innen nur äußerst selten zu finden sind. Daraus resultiert, dass trans-, bi- und homosexuelle Jugendliche durch die ihnen als »normal« vorgelebten und in den Medien vermittelten cis heterosexuellen Verhaltensmodelle geprägt werden. So lernen sie von früh auf, dass alle von dieser Norm abweichenden Lebens- und Erlebensformen »schlecht« sind und verinnerlichen schließlich trans- und homonegative Bilder.

Wie beschrieben, äußern sich trans-, bi- und homosexuelle Heranwachsende im Allgemeinen über lange Zeit hin nicht über ihre Identität und unterliegen dadurch einem erheblichen *Verheimlichungsstress*. Das Schwierige in dieser Situation ist, dass sie bei noch so guten sozialen Kompetenzen mitunter nicht sicher sein können, welche Wirkung ein Coming Out bei ihrer Umgebung hervorrufen wird. Dies gilt in ganz besonderer Weise für trans Menschen, für die oft nicht abschätzbar ist, wie Angehörige und Freund*innen reagieren werden. Dass Eltern beispielsweise bei Erwähnung der Themen »Transidentität« oder »Homosexualität«, soweit dies andere Menschen angeht, offen und vorurteilsfrei reagieren, heißt noch lange nicht, dass sie die gleiche Akzeptanz auch ihrem Kind gegenüber aufbringen.

Wie die Stressforschung zeigt, sind die negativen Auswirkungen von Disstress bei Lesben, Schwulen und Menschen mit Transgeschlechtlichkeit erheblich (Plöderl et al., 2009, 2015; Ott et al., 2017; Knoll et al., 1997). Es kommt zu schwerwiegenden Folgen sowohl im körperlichen als auch im psychischen Bereich (Schneeberger et al., 2002; ▶ Kap. 3.3.).

3.2 Verinnerlichte Homo- und Transnegativität

Wie früher ausgeführt (▶ Kap. 2.3), verinnerlichen Lesben, Schwule und trans Menschen im Verlauf ihrer Entwicklung die negativen Bilder, die ihnen von der Gesellschaft bezüglich trans, homo- und bisexuellen Menschen vermittelt werden. Dies führt zu einer negativen Einstellung der eigenen Person gegenüber, bis hin zur Ablehnung und zum Kampf gegen die eigene Transgeschlechtlichkeit oder die eigene Bi- und Homosexualität.

So finden wir in der Entwicklung vieler homosexueller und insbesondere trans Jugendlicher Phasen, in denen sie einen vehementen Kampf gegen ihre Transgeschlechtlichkeit oder ihre Homosexualität führen und versuchen, sich geschlechtsrollenkonform zu verhalten. Es sind verzweifelte, letztlich aber erfolglose Versuche der Heranwachsenden, sich so zu verhalten, wie die cis heterosexuelle Umgebung sie erwartet. Der Preis solcher Selbstverleugnungsversuche sind schwere Identitätskrisen, die zu psychischen Dekompensationen und mitunter bis zum Suizid führen können.

Nicht selten wird der Umgebung erst aufgrund solcher Symptome sichtbar, dass sich der betreffende Jugendliche in einer tiefgreifenden Identitätskrise befindet. Erst bei genauerer Exploration stellt sich dann heraus, dass es um das Thema Transgeschlechtlichkeit oder Homosexualität geht.

Wie aus diesen Ausführungen hervorgeht, ist es in der Beratung, Begleitung und Psychotherapie mit Lesben, Schwulen und trans Menschen eminent wichtig, an den verinnerlichten homo- und transnegativen Bildern zu arbeiten. Sie unterhöhlen nicht nur das Selbstwertgefühl, sondern sie binden auch enorme Kräfte der betreffenden Person, indem sie einen doppelten Kampf führt: Es ist nicht nur ein Kampf gegen den »Feind in der Außenwelt«, sondern gleichzeitig ein Kampf gegen den »Feind im eigenen Innern«.

Es ist in der therapeutischen Begleitung von Jugendlichen beeindruckend zu erleben, wie stark sich ihr Befinden und Verhalten durch die therapeutische Arbeit an der verinnerlichten Homo- und Transnegativität verändert. Eine besonders starke Wirkung haben in dem Prozess des Abbaus der negativen verinnerlichten Bilder die Applikation von Pubertätsblockern oder der Beginn der Behandlung mit gegengeschlechtlichen Hormonen (▶ Kap. 5.8).

3.3 Psychische Störungen als Folge des »Andersseins«

Meine Ausführungen über die besonderen Stressfaktoren im Leben von homo- und bisexuellen und speziell von Kindern und Jugendlichen mit Transgeschlechtlichkeit (▶ Kap. 3.1.) sowie die Darstellung der Auswirkungen der verinnerlichten Homo- und Transnegativität (▶ Kap. 3.2) haben gezeigt, dass diesen Heranwachsenden aus ihrem »Anderssein« vielfältige Gesundheitsprobleme erwachsen (Bachmann & Simon, 2014; Berg et al., 2017; Biechele, 2009; Clark et al., 2014; Fergusson et al., 1999; Herek et al., 2009; King et al., 2008; Krell & Oldemeier, 2017; Matthews-Ewald et al., 2014; Mayock et al., 2009; Meyer, 2003; Miranda-Mendizabal et al., 2017; Newcomb & Mustanski, 2010; Pfister & Mikolasek, 2019; Plöderl & Tremblay, 2015; Pöge et al., 2020; Sattler 2018).

Letztlich können aus dem Disstress, der durch die externen und internen Belastungsfaktoren entsteht, die verschiedensten körperlichen und psychischen Symptome resultieren. Wir finden als Reaktion auf die Belastungen, denen Lesben, Schwule und trans Menschen ausgesetzt sind, ein breites Spektrum von Störungen: Depressionen, Angst, Lustlosigkeit, Antriebslosigkeit, Konzentrationsprobleme, sozialer Rückzug, Rast- und Ruhelosigkeit (»Nervosität«), gereizt-aggressive Stimmungen, Suizidalität, ein herabgesetztes Wohlbefinden, geringe Lebenszufriedenheit und verschiedene somatische Beschwerden wie Herz-Kreislaufsymptome, Magen-Darm-Probleme, Schmerzsyndrome und Schlafstörungen.

Manche dieser Symptome treten nur passager auf und verschwinden, wenn die innere Gewissheit und Akzeptanz der eigenen Identität erreicht ist und manche der äußeren Stressoren beseitigt sind oder zumindest vermieden werden können. Bei stark ausgeprägten, länger anhaltenden Symptomen dieser Art ist indes therapeutische Hilfe notwendig, damit die Beschwerden nicht chronifizieren, was zu einer weiteren Verschlechterung des Befindens führen würde (▶ Kap. 5.2).

Es sei an dieser Stelle noch ergänzt, dass die Reaktionen auf innere und äußere Stressoren besonders heftig ausfallen, wenn wir es mit primär psychisch kranken trans, bi- und homosexuellen Kindern und Jugendlichen zu tun haben. Durch die psychische Erkrankung, z. B. schwere depressive Episoden, Persönlichkeitsstörungen oder andere schwere Erkrankungen, ist die Widerstandskraft der betreffenden Kinder und Jugendlichen natürlich geringer als die psychisch Gesunder. Aus diesem Grunde haben die erwähnten Belastungen auf die psychisch Kranken einen wesentlich stärkeren negativen Einfluss und führen häufig zu einer nochmaligen Verschlechterung der Grunderkrankung (▶ Kap. 5.2).

Zusammenfassung

Das »Anderssein«, das trans, bi- und homosexuelle Kinder und Jugendliche erleben, hat negative Folgen für ihre Entwicklung:

- Das Erleben von Stress
- Die Situation dieser Kinder hat Disstress (negativer Stress) zur Folge. Zu einer Minorität und nicht zur Majorität zu gehören, verursacht Minoritätenstress. Die Identität anderen noch nicht bekannt

gemacht zu haben, führt zu Verheimlichungsstress. Beide Stressarten stellen eine Belastung dar.
- Verinnerlichte Homo- und Transnegativität
- Im Verlauf der Entwicklung verinnerlichen die Kinder und Jugendlichen die negativen Bilder, die über trans, bi- und homosexuelle Menschen in der Öffentlichkeit bestehen. Diese verinnerlichte Trans- und Homonegativität (früher Trans- und Homophobie genannt) destabilisiert das Selbstwertgefühl und führt zu Scham- und Schuldgefühlen. Die Trans- und Homonegativität muss deshalb hinterfragt und abgebaut werden.
- Psychische Störungen als Folge des »Andersseins«
- Der Disstress, dem diese Kinder und Jugendlichen ausgesetzt sind, hat körperliche und psychische Störungen zur Folge: Angst, Depressionen, Konzentrationsprobleme, Selbstwertkrisen bis hin zur Suizidalität. Diese Symptome treten bei LGBTIQ*-Kindern und Jugendlichen wesentlich häufiger auf als bei cis heterosexuellen Peers.

Literatur zur vertieften Lektüre

Krell, C. & Oldemeier, K. (2017): *Coming-out – und dann…?! Coming-out-Verläufe und Diskriminierungserfahrungen von lesbischen, schwulen, bisexuellen, trans* und queeren Jugendlichen und jungen Erwachsenen in Deutschland.* Opladen/Berlin/Toronto: B. Budrich.

Meyer, I. H. (2003): Prejudice, social stress and mental health in lesbian, gay and bisexual populations: conceptual issues and research evidence. *Psychol. Bull. 129*, 674–697.

Plöderl, M., Tremblay, P. (2015): Mental health of sexual minorities: A systematic review. *Internat. Rev. Psychiat. 27*, 367–385.

Rauchfleisch, U. (2019b): *Sexuelle Identitäten im therapeutischen Prozess. Zur Bedeutung von Orientierungen und Gender.* Lindauer Beiträge zur Psychotherapie und Psychosomatik. Stuttgart: Kohlhammer.

Weiterführende Fragen

- Unter welcher Art von Stress leiden trans, bi- und homosexuelle Kinder und Jugendliche vor allem?
- Was ist verinnerlichte Trans- und Homonegativität und warum muss sie abgebaut werden?
- Welche Folgen haben die Belastungen durch das »Anderssein«?

4 Segen und Fluch des Internets

Ein Leben ohne Internet ist für die meisten Menschen heute nicht mehr denkbar. So ist auch das Onlinedating heute für viele Menschen eine alltägliche und gesellschaftlich weitgehend akzeptierte Form der Kontaktanbahnung (Aretz et al., 2017). Die große Bedeutung des Internet gilt in ganz besonderer Weise für Jugendliche und sogar für Kinder. Mitunter besitzt für sie die digitale Welt mehr Realitätscharakter und ist ihnen wichtiger als die reale soziale Welt. Auch im Leben von trans, bi- und homosexuellen Heranwachsende spielt das Internet eine zentrale Rolle. Dies hat zum Teil sehr positive Seiten (Döring, 2017), birgt zugleich aber auch etliche Gefahren in sich. Diesen Fragen soll im Folgenden nachgegangen werden.

Nahezu alle trans, bi- und homosexuellen Kinder leiden am Anfang ihrer Entwicklung, wenn sie wahrnehmen, »anders« zu sein als ihre Kamerad*innen, unter dem Eindruck, sie seien *die Einzigen mit diesen Gefühlen*. In dieser Situation bietet das Internet vielen dieser Heranwachsenden eine unglaubliche Hilfe, zeigt es ihnen doch, dass sie keineswegs die Einzigen sind, sondern dass sich – gerade bei der weltweiten Verbreitung des Internet – Abertausende mit den gleichen Fragen und Problemen beschäftigen.

Dies ist eine Erfahrung, deren Bedeutung man für trans, bi- und homosexuelle Jugendliche kaum hoch genug einschätzen kann. Die Informationen, welche die Jugendlichen auf den verschiedenen Portalen finden, und die Kontakte in den Foren zu anderen Jugendlichen stellen eine unglaubliche Befreiung von dem quälenden Gefühl dar, die/der Einzige zu sein, die/der sich mit diesen Fragen beschäftigt. Gerade weil im Alltag oft ein quälendes Gefühl der Einsamkeit besteht und die Kinder und Jugendlichen immer wieder die Erfahrung machen, von den

Menschen der nächsten Umgebung nicht verstanden zu werden, erleben sie es im Internet als enorme Erleichterung, dass sie nun endlich nicht mehr allein sind. Zumindest hier in der virtuellen Welt finden sie eine Peer-Group, in der sie sich geborgen und verstanden fühlen können.

Indes birgt diese Situation auch gewisse Gefahren. Obschon in den LGBTIQ*-Foren und Portalen eine Peer-Group entsteht, deren Mitglieder sich gegenseitig über manche Krisen hinweghelfen und sich mit Mitteilungen über eigene Erfahrungen unterstützen, bleibt die Tatsache bestehen, dass es »nur« *virtuelle Kontakte* sind. Der positive Aspekt ist, dass auf diese Weise *überhaupt* Kontakte zu Gleichgesinnten geknüpft werden.

Doch es sind letztlich Kontakte zu eigentlich fremden Menschen. Dabei verführt das Medium Internet mit seinen diversen Social Media die Benutzer*innen, anzunehmen, dass alle nahe »Freunde« sind, wie beispielsweise das Facebook die mit einer Person verlinkten Personen nennt. Tatsächlich tauschen die Benutzer der Social Media viele, zum Teil ausgesprochen intime Informationen aus, wodurch noch mehr der Eindruck entsteht, es seien nahe persönliche Beziehungen.

Die Diskrepanz zu realen sozialen Beziehungen wird den Betreffenden oft in dem Moment erlebbar – und kann dann zu einem deutlich spürbaren Unbehagen führen –, wenn sie nach langer Zeit der Chat-Kontakte einander plötzlich persönlich gegenüberstehen. Dieses Gefühl der Irritation rührt daher, dass im Internet bereits eine Nähe hergestellt worden ist, die jedoch der realen sozialen Beziehung noch nicht entspricht.

Dem großen Vorteil der Internet-Foren, eine Fülle von Kontakten zu den verschiedensten Menschen in aller Welt herstellen zu können, steht gerade auch für trans, bi- und homosexuelle Jugendliche das Problem gegenüber, dass reale Kontakte zu diesen Personen oft schwer bzw. überhaupt nicht aufgenommen werden können. So mag es beispielsweise für einen schwulen Jugendlich aus Deutschland oder Österreich interessant sein, von einem schwulen Jugendlichen aus den USA oder aus China zu erfahren, in welcher Situation sie dort leben und wie sie mit ihrem Schwulsein umgehen. Zu einem persönlichen Treffen der beiden wird es aber voraussichtlich nie kommen.

Ich mache in den Begleitungen von trans Jugendlichen die Erfahrung, dass manchen von ihnen diese virtuellen Kontakte außerordentlich wichtig sind und für sie in Krisenzeiten mitunter auch tatsächlich eine große Hilfe bedeuten. Immer wieder fällt mir in Diskussionen, die ich mit diesen Jugendlichen über derartige Kontakte führe, aber auf, dass sie nicht primär nach Kontakten zu Jugendlichen suchen, die in ihrer Nähe oder zumindest in einem Nachbarland leben, sondern – fast scheint es mir manchmal: gezielt – nach trans Jugendlichen Ausschau halten, die in weit entfernten Ländern wohnen.

Warum dies so ist, habe ich von den Jugendlichen selbst nicht erfahren. Ich vermute jedoch aufgrund ihrer Berichte über ihre Gefühle und ihre Beziehungen zu diesen Chatpartnern, dass sie in der Phase ihrer Entwicklung, in der sie diese Kontakte zu in weiter Ferne lebenden anderen Jugendlichen intensiv pflegen, vor einem realen Zusammentreffen noch zurückzucken. Offenbar brauchen sie noch etwas Zeit und »üben« quasi aus der Distanz, wie es sein kann, reale Kontakte aufzunehmen.

Tatsächlich kommt dann im Allgemeinen irgendwann der Moment, wo diese Jugendlichen mir mit leuchtenden Augen berichten, dass sie im Chat »zufällig« einen anderen trans Jugendlichen getroffen haben, der nicht allzu weit entfernt von ihnen lebt. Oder sie erkundigen sich plötzlich nach der Organisation »anyway«, einer Gruppe für LGBTIQ*-Jugendliche in Basel. Ich erwähne die Treffen dieser Gruppe immer im Gespräch mit trans, bi- und homosexuellen Jugendlichen. Doch plötzlich wollen die, die zuvor wenig Interesse daran gezeigt und nie nach konkreten Details wie Zeit und Ort der Treffen etc. gefragt haben, wissen, wann und wo sich die Mitglieder von »anyway« treffen. Offensichtlich haben die Chatkontakte dazu geführt, dass diese Jugendlichen nun genügend Selbstvertrauen entwickelt haben, so dass die Zeit reif für konkrete Kontakte mit anderen trans, bi- und homosexuellen Jugendlichen ist.

Die Internet-Kontakte spielen für viele bi- und homosexuelle Jugendliche auch eine große Rolle im Prozess ihres *Coming Out*. So können sie sich hier, zum Teil völlig anonym, mit anderen Jugendlichen über ihre Ängste in Bezug auf das Coming Out, über Strategien, wie das Coming Out eingefädelt werden könnte, und über ihre Erfahrungen austauschen. Dies kann wichtig und hilfreich sein.

Ich sehe indes auch eine Gefahr in diesen Internet-Kontakten. Das Coming Out auf Diskussionsplattformen ist eben kein Coming Out gegenüber den realen Bezugspersonen wie Eltern, Geschwistern, Schulkolleg*innen usw., sondern erfolgt gegenüber eigentlich fremden Personen im virtuellen Bereich.

Mitunter habe ich bei homosexuellen Jugendlichen, die sich viel auf den entsprechenden Internetplattformen bewegen, den Eindruck, dass das Internet *den realen Coming Out-Prozess sogar behindert*. Diese Jugendlichen stehen unter dem Eindruck, sie lebten doch völlig »offen« und seien geoutet, weil sie sich auf diesen Plattformen bewegen und sich dort tatsächlich sehr offen zeigen. Nur übersehen sie dabei, dass dies im virtuellen Bereich geschieht und nicht das reale Leben ist.

Ein großer Vorteil des Internets für trans, bi- und homosexuelle Jugendliche ist die Möglichkeit, sich *Informationen zu verschaffen*. Im Internet können sie Recherchen über die Phänomene anstellen, die sie bei sich beobachten und nur schwer bis gar nicht verstehen. Sie können dies heimlich tun, ohne die Erwachsenen oder Freund*innen einzubeziehen, und sich auf diese Weise Schritt um Schritt den für sie zentralen Fragen nähern.

Dies führt dazu, dass etwa trans Kinder und Jugendliche, wenn sie mit ihren Eltern oder auch mit den Fachleuten diskutieren, heute im Allgemeinen bestens informiert sind. Immer wieder nehme ich mit Erstaunen und Bewunderung wahr, wie differenziert dadurch das Gespräch etwa schon mit Kindern von neun oder zehn Jahren verläuft und wie klar sie formulieren können, welche Transitionsschritte sie in welcher Weise machen möchten. Viele dieser Kinder beweisen bei diesen Überlegungen eine Reife, die mitunter weit über die ihrer Alterskolleg*innen hinausgeht.

Die Informationsfülle, auf die Kinder und Jugendliche im Internet stoßen, hat allerdings auch ihre Schattenseiten. Im Grunde vermögen wir alle den Wert der Informationen, mit denen wir dort konfrontiert werden, nur zu beurteilen, wenn wir uns bereits einigermaßen in dem betreffenden Gebiet auskennen. Ist das nicht der Fall, so taumeln wir von einer positiven zur nächsten negativen Meldung und bleiben völlig verwirrt zurück, weil wir die Widersprüche zwischen diesen Informationen nicht verstehen können. Insofern sind auch trans Kinder und Jugendliche mitunter *überfordert*, wenn sie auf den verschiedenen Portalen völlig widersprüchliche Informationen über bestimmte Maßnahmen und deren angebliche Vorteile und Gefahren erhalten.

Zudem ist stets zu berücksichtigen, dass es hier im Allgemeinen um *persönliche Erfahrungen* einzelner Personen geht. Was für die eine trans Person hilfreich ist, muss für eine andere Person keineswegs gut sein. Außerdem muss man sich darüber klar sein, dass sich ja nur eine bestimmte Gruppe von Menschen an den Diskussionen in den Foren beteiligt und über ihre subjektiven Erfahrungen berichtet. Dadurch kann es zu scheinbar eindeutigen Urteilen über bestimmte Maßnahmen oder ein bestimmtes Vorgehen kommen, wobei diese Eindeutigkeit nicht eigentlich dem Phänomen entspricht, sondern der einseitigen Sicht und Erfahrung der Diskutierenden geschuldet ist.

Auf jeden Fall sind die Informationen, die die Heranwachsenden sich im Internet suchen, im Allgemeinen positiv zu beurteilen. Mir ist bei der Begleitung dieser Jugendlichen wichtig, dass sie die Themen, mit denen sie sich dort beschäftigen, auch in unsere Sitzungen bringen, damit wir dort ausführlicher darüber sprechen können. Dann lässt sich auch miteinander klären, in welcher Hinsicht Meinungen, die auf den Portalen vertreten werden, für die/den betreffenden Jugendlichen relevant sind.

Einen Vorteil haben die über das Internet bezogenen Informationen für trans, bi- und homosexuelle Jugendliche oft auch für ihre Diskussionen mit den Eltern. Zum Teil erwähnen die Jugendlichen in unseren Gesprächen, dass sie ihre Eltern auf bestimmte Informationen hingewiesen und sie aufgefordert haben, diese Blogs einmal selbst zu lesen. Oder ich erfahre in gemeinsamen Gesprächen mit der ganzen Familie von den Eltern, ihre Kinder hätten sie auf bestimmte Themen aufmerksam gemacht und sie hätten daraufhin die Ausführungen über die betreffenden Themen im Internet gelesen. Oft entstehen daraus auch Diskussionen im Kreis der Familie oder in den gemeinsamen Sitzungen bei mir.

Ein weiterer Problemkreis betrifft die *Fülle von sexuellen Inhalten*, zu denen das Internet Kindern und Jugendlichen Zugang verschafft. Weber (2012, zitiert nach Hopf, 2019b, S. 48) berichtet davon, dass in der Gesamtbevölkerung rund ein Drittel der Mädchen und Jungen im Alter von elf Jahren einschlägige Sexseiten gesehen hat. Bis zum 17. Lebensjahr sind es 93 % der Jungen und 80 % der Mädchen. Gemäß einigen großen epidemiologischen Studien der letzten Jahre (Rumpf et al., 2012; Durkee et al., 2012; Riedel et al., 2017) zeigt ein recht großer Teil von Jugendlichen (etwa 10–12 %) ein gestörtes Medienverhalten.

Ich bewerte den Internetkonsum nicht prinzipiell als negativ. Gerade für Jugendliche mit Transgeschlechtlichkeit sowie bi- und homosexuellen Orientierungen kann es wichtig sein, im Internet mehr Informationen über die spezifische Art ihrer Identität und Sexualität zu finden. Die Jugendlichen erfahren in den Medien sonst zwar viel über cis und heterosexuelle Beziehungen. Doch das Thema trans und gleichgeschlechtliche Sexualität finden sie in den gängigen Medien praktisch nicht. In diesem Sinne weist Döring (2017, S. 4) darauf hin, dass das Internet »sehr wichtig für das Empowerment sexueller und geschlechtlicher Minoritäten« ist.

Es ist in Anbetracht dieser Situation verständlich, dass die trans, bi- und homosexuellen Jugendlichen nach Möglichkeiten suchen, mehr über ihre Identitäten zu erfahren. Da das Internet in dieser Hinsicht eine Fülle von Informationen liefert, ist ihr Bedürfnis, auf die entsprechenden Portale und Pornografieseiten zuzugreifen, groß. Wie erwähnt, sehe ich darin keine besondere Gefahr, solange die Jugendlichen in der Lage sind, ihren Aufenthalt auf diesen Seiten zu steuern.

Problematisch wird es in dem Augenblick, in dem das Chatten auf den einschlägigen Portalen einen *süchtigen Charakter* annimmt. Gemäß der Drogenaffinitätsstudie der BZgA (2017) haben sich in der Gesamtbevölkerung die Prävalenzzahlen der Internetsucht bei den männlichen und weiblichen 12- bis 17-Jährigen 2015 im Vergleich zu 2011 mit Werten von 5,3 % und 6,2 % fast verdoppelt. In diesen und anderen Studien scheinen vor allem die jüngeren Altersgruppen betroffen zu sein (vgl. auch Müller & Wölfling, 2017; Bilke-Hentsch & Leménager, 2019).

Die Gefahr einer Suchtentwicklung ist gerade bei Jugendlichen, die nicht dem Mainstream entsprechen und ihre Identität oft lange Zeit verheimlichen, nicht zu unterschätzen. Der positive Effekt des Konsums der Sexseiten ist zweifellos die Möglichkeit, sich Informationen darüber zu verschaffen, was Sexualität für Jugendliche ihrer Art ist und wie sie gelebt werden kann. Daneben gibt es aber auch den negativen Effekt, dass die Beschäftigung mit der verheimlichten und nicht in realen Beziehungen gelebten Sexualität ein extremes Ausmaß annimmt. Daraus kann ein exzessiver Gebrauch des Internet resultieren, bis hin zur Sucht, die durch den drängenden Charakter der Sexualität eine nochmals stärkere Kraft entwickelt als die stoffgebundenen Süchte.

Hopf (2019b, S. 44) schildert diese Dynamik eindrücklich am Beispiel eines 14-jährigen Jugendlichen mit einem exzessiven Gebrauch von virtuellen Spielen und Internet: Dieser Jugendliche hatte sein eigenes Leben gleichsam aufgegeben und war in eine alternative virtuelle Welt eingetaucht, hatte einen Kontrollverlust erlitten und war unfähig, sich selbst zu begrenzen. Er zeigte schließlich eindeutig die Symptome einer Sucht.

Wie erwähnt, erhält eine solche exzessiv ausgeübte Beschäftigung mit sexuellen Internetangeboten durch die Schubkraft der Sexualität und durch die Zugehörigkeit der hier beschriebenen trans, bi- und homosexuellen Jugendlichen zu einer nicht dem Mainstream entsprechenden Gruppe eine besondere Stärke. Dies erklärt die Faszination, die diese pornografischen Portale und Chaträume mit trans und homosexuellen Darstellungen für diese Jugendlichen haben. Dadurch wird auch verständlich, dass sich durch diesen Konsum – längst nicht für alle, aber für manche von ihnen – die Gefahr eines süchtigen Umgangs damit entwickelt. Dies gilt es in Begleitungen von trans, bi- und homosexuellen Jugendlichen im Auge zu behalten.

Selbst wenn sich der Konsum zeitlich in Grenzen hält, kann sich daraus doch auch eine gewisse Gefahr für die weitere Entwicklung dieser Jugendlichen ergeben. Dies betrifft vor allem solche Jugendlichen, die wenige reale soziale Kontakte pflegen und für die die virtuelle Welt deshalb eine Ersatzwelt wird. Je weniger reale soziale Erfahrungen sie machen, desto stärker wird der Eindruck bei ihnen, die virtuellen Darstellungen seien Abbild der realen Welt.

Im Hinblick auf die Sexualität bedeutet dies, dass den Jugendlichen Bilder eines sexuellen Umgangs von Menschen vermittelt werden, für die allein der sexuelle Vollzug im Zentrum steht. Dabei gilt es beispielsweise, ein superpotenter Mann oder eine geradezu sexsüchtige Frau zu sein. Die emotionale Komponente einer Liebesbeziehung fällt in den typischen Pornografiedarstellungen weg. Dies prägt auf die Dauer die Bilder, die solche Jugendlichen davon bekommen, wie Sexualität sein *muss*, und führt dazu, dass sie sich an solchen verinnerlichten Bildern messen.

Es liegt auf der Hand, dass dies zu erheblichen inneren und sozialen Konflikten führen kann. Beim Abgleich dieser aus einer realitätsfernen Sexwelt stammenden, nun verinnerlichten Bilder mit den Erlebnissen, welche die Jugendlichen irgendwann mit realen Partner*innen machen, besteht die Gefahr, das eigene Verhalten als »minderwertig« zu erleben. Es kann ferner dazu führen, dass die Jugendlichen sich schämen, nicht das zu »können«, was die Protagonist*innen in den Pornodarstellungen tun. Die Folge einer solche Wahrnehmung kann die Schwächung des Selbstwerterlebens sein, was gerade für trans, bi- und homosexuelle Jugendliche, die durch ihr »Anderssein« ohnehin schon Selbstwertkrisen durchmachen, besonders verhängnisvoll ist.

Zu sozialen Konflikten kann es kommen, wenn Jugendliche mit einem exzessiven Pornokonsum bei ihren realen Partner*innen entdecken, dass diese sich nicht so verhalten wie die Personen in den Pornodarstellungen. Die Reaktion kann sein, sich von diesen Partner*innen zurückzuziehen, weil sie nicht dem erwarteten Idealbild entsprechen. Die Wahrnehmung der Diskrepanz zwischen der virtuellen und der realen Welt kann aber auch zu Selbstwertkrisen führen, indem die Jugendlichen vermuten, die Partner*innen verhielten sich anders als die Pornodarsteller*innen, weil sie als Jugendliche sich »falsch« verhielten.

In den vergangenen Jahren sind in den Medien immer wieder Berichte über *Cybermobbing* und seine verheerenden Folgen erschienen (s. Fawzi, 2015; Katzer, 2014). In Anbetracht der technischen Möglichkeiten, die heute auf dem Markt und damit auch Kindern und Jugendlichen zugänglich sind, ist es ihnen ein Leichtes, Fotos zu erstellen und im Netz zu verbreiten. Dieses Thema betrifft zwar alle Heranwachsenden. Trans, bi- und homosexuelle Kinder und Jugendliche sind jedoch unter Umständen noch gefährdeter, Opfer eines solchen Mobbing zu werden.

Zum einen sind sie generell oft Opfer von Mobbing (Schoolmate-Studie, 2008, 2009a, 2009b; ▶ Kap. 2.4) und zum andere sind sie durch ihr »Anderssein« gerade auch im sexuellen Bereich besonders verletzbar. Häufig fehlt ihnen eine Peer-Group, die ihnen Schutz und in Krisensituationen Unterstützung bietet. Dadurch sind diese Kinder und Jugendlichen, vor allem in Phasen, in denen sie sich ihren Eltern gegenüber noch nicht geoutet haben, oft gezwungen, soziale Konflikte und Belastungen mit sich allein abzumachen. Sie befinden sich deshalb, wenn sie Opfer von Cybermobbing werden, in einer weitgehend hilflosen Lage.

Es sei noch auf eine Gefahr des Internets im Zusammenhang mit Sexualität hingewiesen. Es ist die Gefahr, dass Kinder in den Chats von *Pädophilen* (Rauchfleisch, 2019b) angesprochen werden. Auch wenn diese Gefahr für alle Kinder besteht, habe ich – allerdings nur aufgrund einzelner, unsystematischer Beobachtungen – den Eindruck, dass die in ihrer Identität nicht dem Mainstream entsprechenden Kinder einem größeren Risiko ausgesetzt sind. Gerade wenn diese Heranwachsenden sich noch nicht geoutet haben und bisher noch nicht gewagt haben, ihre Gefühle und sexuellen Wünsche einer anderen Person mitzuteilen, reagieren sie unter Umstanden schneller und weniger vorsichtig auf Annäherungsversuche von Pädophilen als cis heterosexuelle Kinder. Es erscheint mir deshalb wichtig, auch diese Themen in den Begleitungen zu besprechen und trans, bi und homosexuelle Kinder und Jugendliche zur besonderen Vorsicht zu ermahnen.

Wie bei allen anderen Aspekten des Umgehens mit dem Internet erscheint es mir wichtig, auch das Thema Sexualität im Internet in die Begleitungen aufzunehmen und die damit zusammenhängenden Fragen mit den Heranwachsenden zu besprechen.

Zusammenfassung

Das Internet ist heute für Kinder und Jugendliche wichtig als Kommunikationsmittel und als Informationsquelle. LGBTIQ*-Kinder und Jugendliche erleben hier durch den Kontakt mit LGBTIQ*-Peers, dass sie nicht die einzigen mit diesem »Problem« sind. Außerdem vermittelt das Internet Informationen, die für die Selbstwahrnehmung und das Verständnis der eigenen Entwicklung wichtig sein können, und es schafft Kontakt zu anderen trans, bi- und homosexuellen Peers.

Gefahren sind:

- eine mögliche Suchtentwicklung,
- das Ausweichen vor realen Kontakten, u. U. dadurch Verzögerung des Coming Out,
- durch die Fülle von z. T. widersprüchlichen Informationen überfordert zu sein,
- unrealistische Bilder von Sexualität zu erhalten und zu verinnerlichen,
- Opfer von Cybermobbing zu werden,
- Opfer von Pädophilen zu werden.

Literatur zur vertieften Lektüre

Döring, N. (2017): Editorial: Sexualität im Digitalzeitalter. *Z. Sexualforsch. 30*, 1–6.

Fawzi, N. (2015): *Cyber-Mobbing. Ursachen und Auswirkungen von Mobbing im Internet.* 2. Aufl. Baden-Baden: Nomos.

Rauchfleisch, U. (2019b): *Sexuelle Identitäten im therapeutischen Prozess. Zur Bedeutung von Orientierungen und Gender. Lindauer Beiträge zur Psychotherapie und Psychosomatik.* Stuttgart: Kohlhammer.

Weiterführende Fragen

- Welche positiven Aspekte hat das Internet für LGBTIQ*-Kinder und Jugendliche?
- Welche negativen Folgen hat das Internet für LGBTIQ*-Kinder und Jugendliche?
- Welche Gefahren bestehen für LGBTIQ*-Kinder und Jugendliche im Internet?

5 Therapeutische Aspekte

Die Begleitung von trans, bi- und homosexuellen Kindern und Jugendlichen erfordert von den Therapeut*innen vor allem Offenheit und Flexibilität. Was ich mit »*Offenheit*« meine, werde ich noch genauer darstellen (▶ Kap. 5.1).

Die *Flexibilität* betrifft die Bereitschaft von uns Therapeut*innen, mit ganz *unterschiedlichen Settings* und in ganz unterschiedlichen *Rollen* zu arbeiten, die wir sonst, vor allem wenn wir von der psychoanalytischen Richtung her kommen, im Allgemeinen nicht einnehmen. Dies betrifft zumindest für Therapeut*innen, die vorwiegend mit Erwachsenen arbeiten, die für sie eher ungewöhnliche Situation, beispielsweise Eltern einzubeziehen, mit Kindergärten, Schulen und anderen Institutionen, in denen sich die trans, bi- und homosexuellen Kinder und Jugendlichen bewegen, zusammenzuarbeiten sowie Gutachten zu verfassen und Informationen über die körperlichen Behandlungsmöglichkeiten und über LGBTIQ*-Aktivitätsgruppen zu vermitteln.

Im Fall von *psychisch gesunden* Kindern und Jugendlichen stellen diese Begleitungen im Grunde ein *Coaching* dar (Rauchfleisch, 2016, 2019a), in dem wir die Heranwachsenden auf dem Weg ihrer Entwicklung und ihrer Transition begleiten und ihnen mit Rat und Tat zur Seite stehen.

Die Flexibilität der Professionellen kommt auch darin zum Ausdruck, dass wir im Hinblick auf die *Sitzungsfrequenz* ganz individuell vorgehen müssen und uns weitgehend nach den Wünschen und Bedürfnissen der Kinder und Jugendlichen richten. Die Situation ist gerade für Jugendliche dadurch kompliziert, dass sie sich entsprechend ihrer Entwicklungsphase zunehmend von den Erwachsenen distanzieren und ihren eigenen Weg gehen möchten und müssen. Im Falle von gleichgeschlechtlichen Orientierungen und insbesondere bei Jugendlichen mit Transgeschlechtlichkeit erfordert die Situation jedoch zugleich auch eine stärkere Bindung an die erwachsenen Therapeut*innen.

Es ist eine ambivalente Situation, die typisch für die Psychotherapie von Jugendlichen ist, wo es einerseits um die Ablösung von der Kindheit und andererseits um die Entwicklung von Selbständigkeit und die Definition ihres eigenen Raumes geht. In Bezug auf die Kindheit besteht der Wunsch, »sie möge ewig andauern, oder sie so schnell wie möglich hinter sich zu lassen, sich von den alten Bindungen zu befreien« (Hopf & Winter-Heider, 2019, S. 63). Hier bedarf es eines Fingerspitzengefühls der Professionellen, zu entscheiden, wieviel Nähe sinnvoll und nötig ist. In dieser Situation hat es sich für mich bewährt, diese Fragen direkt mit den Jugendlichen selbst zu diskutieren.

Dies gilt in besonderem Maße auch für intime Themen, die in der Frühadoleszenz häufig noch sehr schambesetzt sind. Hopf & Winter-Heider(2019) weisen darauf hin, dass in dieser Phase, in der die Jugendlichen ihren inneren Raum, der noch so wenig gefestigt ist, abzuschirmen beginnen, der/die Therapeut*in leicht in die Rolle des verfolgenden Objekts gerät. Der Autor und die Autorin empfehlen in dieser Situation die folgende Bemerkung: »Du entscheidest, was du sagen möchtest, manches braucht Zeit und den richtigen Moment« (Hopf & Winter-Heider, 2019, S. 64). Es ist auch meine Erfahrung, dass es notwendig ist, insbesondere den homosexuellen und trans Jugendlichen ausdrücklich die Entscheidung zu überlassen, was und wann sie etwas berichten.

Bei dem Segment von trans, bi- und homosexuellen Kindern und Jugendlichen mit *psychischen Störungen* kommt dazu die Durchführung einer Psychotherapie. Wir verwenden bei ihnen die gleichen Therapiemethoden wie bei cis heterosexuellen Kindern und Jugendlichen. Der Unterschied liegt allerdings darin, dass wir in solchen Behandlungen stets die *speziellen Entwicklungsbedingungen* von trans, bi- und homosexuellen Heranwachsenden (▶ Kap. 2) im Auge behalten müssen.

In den folgenden Kapiteln werde ich die verschiedenen Aufgaben und Settings genauer beschreiben und anhand von kasuistischen Beispielen veranschaulichen. Zuvor sei aber noch auf eine Voraussetzung für Begleitungen und Therapien von Kindern und Jugendlichen mit

Transgeschlechtlichkeit und bi- und homosexuellen Orientierungen eingegangen.

5.1 Voraussetzung: gay- und transaffirmative Haltung der Professionellen

Wenn cis heterosexuelle Menschen sich in Behandlung begeben, können sie davon ausgehen, dass sie keine Ablehnung wegen ihrer Geschlechtlichkeit oder ihrer sexuellen Orientierung erfahren. Anders hingegen ist es bei Menschen mit Transgeschlechtlichkeit und mit gleichgeschlechtlichen Orientierungen. Wie ich in den anderen Kapiteln dieses Buches ausgeführt habe, bestehen ihnen gegenüber in breiten Kreisen unserer Bevölkerung, und mitunter auch in therapeutischen Kreisen Vorbehalte bis hin zu offener Ablehnung. Zudem fehlt es einer nicht geringen Zahl von Mitarbeitenden in medizinisch-psychosozialen Berufen an spezifischem Fachwissen über diese Klientel. Aus diesem Grunde haben mich die Herausgeber*innen der Reihe »Psychodynamische Psychotherapie mit Kindern, Jugendlichen und jungen Erwachsenen« gebeten, das vorliegende Buch zu schreiben, um dadurch zur Vermittlung eines angemessenen Wissens um die Geschlechtsentwicklung und die sexuellen Orientierungen beizutragen.

Wie am Beginn dieses Kapitels erwähnt, ist neben der Flexibilität die *Offenheit* eine Grundvoraussetzung für die Behandlung von trans, bi- und homosexuellen Kindern. Damit ist eine *gay- bzw. transaffirmative Haltung* (Gonsiorek, 1982; Günther, Teren & Wolf, 2019; Meyer, 2015; Ritter & Terndrup, 2002) gemeint. Wir verstehen darunter eine Haltung von Therapeut*innen, mit der sie trans, bi- und homosexuelle Klient*innen darin unterstützen, ihre Geschlechtlichkeit bzw. ihre sexuelle Orientierung zu erforschen, zu bejahen, zu festigen und zu integrieren.

5.1 Voraussetzung: gay- und transaffirmative Haltung der Professionellen

Dies impliziert, dass die Geschlechtlichkeit und die sexuellen Orientierungen jedweder Art als *nicht-pathologisch* und als *der Cisgeschlechtlichkeit und der Heterosexualität gleichwertige Varianten der Identitätsentwicklung und der sexuellen Orientierungen* betrachtet werden. Dazu gehört ferner, dass sich die Behandelnden der Tatsache bewusst sind, dass die Klient*innen dieser Art spezifische Entwicklungsbedingungen gehabt haben (▶ Kap. 2) und ein Coming Out bewältigen müssen (▶ Kap. 2.2), Bedingungen, die in herkömmlichen Therapien nicht beachtet werden.

In Anbetracht dieser Besonderheiten sind wichtige Themen in der Gay Affirmativen Psychotherapie die Begleitung der Klient*innen in ihrem Coming Out (▶ Kap. 2.2) sowie die Thematisierung von Diskriminierungserfahrungen (▶ Kap. 2.4) und der negativen Bilder, die in der Gesellschaft über trans, bi- und homosexuelle Menschen bestehen (▶ Kap. 2.3). Eine zentrale Bedeutung in der Gay Affirmativen Psychotherapie spielt auch die Arbeit an der verinnerlichten Trans- und Homonegativität (»Trans- und Homophobie«; ▶ Kap. 3.2).

Zu der trans- bzw. gay-affirmativen Haltung gehört schließlich auch, dass wir als Fachleute trans, bi- und homosexualitätsfeindlichen und entwertenden Einstellungen in der Öffentlichkeit entgegentreten. Dies gilt insbesondere im Hinblick auf die von fundamentalistischen Kreisen propagierten sog. »Konversionstherapien« oder »reparativen Therapien«, mit deren Hilfe die Identität bzw. die sexuelle Orientierung von Menschen »geheilt« werden sollen[3].

Viele internationale Organisationen wie die American Psychiatric Association, die American Psychological Association, die World Medical Association (Weltärztebund), die Deutsche Gesellschaft für Psychiatrie und Psychotherapie, Psychosomatik und Nervenheilkunde (DGPPN), der Berufsverband deutscher Fachärzte für Psychiatrie und Psychotherapie sowie die Föderation der Schweizer Psychologinnen und Psychologen, FSP (2020) haben sich klar gegen die Anwendung dieser Verfahren ausgesprochen.

---

[3] s. hierzu die Diskussion von Rudolf-Petersen, A. (2020) bezüglich der Verletzungen, die von der Psychoanalyse homosexuellen Menschen zugefügt worden sind, und die Publikation von Rauchfleisch, U. (1993).

Grund dieser eindeutigen Ablehnung sind u. a. die häufigen Beobachtungen, dass die Konversionstherapien zu Depressionen, Angsterkrankungen, selbstdestruktivem Verhalten bis hin zum Suizid führen können. Es gibt keine medizinische Indikation für solche Verfahren, und sie sind keine therapeutischen Maßnahmen, sondern stellen *Menschenrechtsverletzungen und gesundheitsschädigende Maßnahmen* dar. Ein Beispiel möge dies veranschaulichen.

Mario, ein 18-jähriger Jugendlicher, rief mich an und bat dringend um einen Termin. In der vereinbarten Sitzung berichtete er mir, er sei schwul. Vor wenigen Tagen habe er seinen ganzen Mut zusammengenommen und habe sich seinen Eltern eröffnet. Um gleichsam auszutesten, wie die Eltern wohl auf das Thema Homosexualität reagieren würden, habe er zuvor einige Male mit den Eltern zusammen TV-Sendungen zum Thema Homosexualität angeschaut, auf die sie keineswegs ablehnend reagiert hätten. Außerdem habe er auf seinem Schreibtisch absichtlich ein Buch über Homosexualität liegen lassen, damit seine Mutter es beim Saubermachen sehen würde, was die Mutter ihm bei seinem Gespräch mit den Eltern auch bestätigt habe. Da auch auf das Buch hin keine negative Reaktion der Eltern erfolgt sei, habe er den Eindruck gehabt, die Zeit sei reif für ein offenes Gespräch.

Es sei aber völlig anders verlaufen als er es erwartet habe. Beide Eltern seien entsetzt gewesen, als er ihnen mitgeteilt habe, er sei schwul. Am Anfang hätten sie gelacht und ihn getröstet, das sei »nur so eine Phase«, »das machen alle Jungen durch«, er solle sich mal nach einem hübschen Mädchen umsehen, die würde ihn schon »kurieren«. Als er den Eltern aber klar gemacht habe, dass er seine gleichgeschlechtliche Orientierung schon seit etlichen Jahren spüre und sich jetzt in einen Klassenkameraden verliebt habe, sei es zu einem Eklat gekommen: Die Mutter sei in Tränen ausgebrochen und habe ihm die schlimmsten Vorwürfe gemacht und gesagt, er werde sie damit »ins Grab« bringen. Der Vater habe ihn angeschrien und als »Schwuchtel« und »warmen Bruder« bezeichnet, der nicht mehr sein Sohn sei. Der Vater habe sich drohend vor ihm aufgebaut und sei kurz davor gewesen, Mario zu schlagen. Er sei nur in letzter Minute davor zurückgeschreckt, weil Mario ein athletischer, gut trainierter junger Mann war und der Vater offenbar Angst gehabt habe, Mario würde zurückschlagen – was er auch getan hätte, meinte Mario.

Mario berichtete, dass er durch diese unerwartet heftige negative Reaktion der Eltern zutiefst verletzt gewesen sei. Er habe sich umgedreht und habe das Haus verlassen. In seiner Verzweiflung sei er zu dem – ebenfalls schwulen – Klassenkameraden gegangen, in den er verliebt sei. Dessen Eltern hätten auf das Coming Out ihres Sohnes, anders als die Eltern von Mario, positiv reagiert. Er habe über Nacht bei dieser Familie bleiben können. Marios Eltern hätten an diesem Abend mehrfach auf sein Mobiltelefon angerufen. Er habe die Anrufe jedoch nicht angenommen.

Als er am nächsten Nachmittag wieder nach Hause gekommen sei, habe er die Mutter weinend vorgefunden, »sie war ein lebender Vorwurf, als ob ich sie umgebracht hätte«; berichtete Mario. Der Vater habe ihn mit eisiger Miene angeschaut und kein Wort mit ihm gesprochen. Beim Abendessen habe der Vater ihm dann eröffnet, die Eltern hätten in der freikirchlichen christlichen Gemeinschaft, zu der sie gehörten, erfahren, dass es einen Therapeuten gebe, der »mit solchen Problemen« umzugehen wisse. Sie hätten einen Termin für Mario für den folgenden Tag vereinbart. Als er sich zunächst geweigert habe, zu diesem Therapeuten zu gehen, habe die Mutter ihn unter Tränen gebeten, ihr doch »diesen einen Gefallen zu tun«. Wenn er das nicht tue, wisse sie nicht, wie sie weiterleben könne.

Unter diesem moralischen Druck habe er sich bereit erklärt, zu dem von den Eltern ausgesuchten Therapeuten zu gehen. Nur mit Mühe habe er die Eltern davon abhalten können, ihn zu diesem Gespräch zu begleiten.

Der Therapeut sei ein Mitglied der freikirchlichen Gemeinde, zu der auch seine Eltern gehörten. Er sei Psychiater und eigentlich sehr freundlich gewesen. Er habe ihn gefragt, warum er auf die Idee gekommen sei, er sei schwul – das Wort »schwul« habe er allerdings nicht benutzt, er habe von »homosexuell« und »dieser Veranlagung« gesprochen. Als Mario ihm von seinen Gefühlen für seinen Klassenkameraden erzählt habe, habe der Psychiater gemeint, das bedeute gar nichts. Das gehe allen jungen Männern so, dass sie mal Gefühle für einen anderen Mann hätten. Leider würden manche Männer freundschaftliche Gefühle mit Liebesgefühlen verwechseln. Ursache dieser Fehlentwicklung sei meistens, dass die Mütter die Söhne zu fest an sich gebunden hätten, während die Väter den Söhnen nicht als ein »richtiges männliches Vorbild« zur Seite gestanden hätten.

Mario berichtete mir weiter, dass die freundliche Haltung des Psychiaters dann jedoch langsam verschwunden sei und er Mario intensiv ins Gewissen geredet habe, gleichgeschlechtliche Gefühle und homosexuelle Handlungen seien eine große Sünde und eine Krankheit. Mario müsse mit aller Macht dagegen ankämpfen. Der Therapeut habe Mario verschiedene Bibelstellen vorgelesen, unter anderem Passagen aus dem Brief des Paulus an die Römer, wo vom »widernatürlichen Verkehr« die Rede sei, und aus dem Korinther- und dem Timotheusbrief, wo es um »Lustknaben« und »Kinderschänder« gehe.

Am Ende der Sitzung habe er mit Mario gebetet und ihn aufgefordert, ein detailliertes Tagebuch über seine »widernatürlichen Triebe« zu führen und diese Aufzeichnungen zur nächsten Sitzung mitzubringen. Außerdem habe er Mario die Adresse einer Selbsthilfegruppe für junge Männer gegeben, die »die gleiche unselige Veranlagung« hätten, und ihn aufgefordert, unbedingt regelmäßig an dieser Gruppe teilzunehmen. Mit den Worten »Dann wirst du es schaffen, Satans Versuchungen widerstehen zu können« habe er Mario entlassen.

Noch bei diesem Bericht war spürbar, wie tief den jungen Mann diese Sitzung mit dem Psychiater erschüttert hatte. Mario meinte, obwohl er überzeugt sei, dass Homosexualität nichts mit Sünde und Krankheit zu tun habe, sei er durch dieses Gespräch in tiefe Zweifel geraten, ob er nicht doch etwas Unrechtes tue. Er sei deshalb, nicht zuletzt auch auf Druck der Eltern hin, bereit gewesen, den Therapeuten noch ein zweites Mal aufzusuchen. Es sei wieder ähnlich wie in der ersten Sitzung verlaufen. Erneut habe der Psychiater ihn beschworen, von »dieser Sünde« Abstand zu nehmen, Buße zu tun und sich Jesus anzuvertrauen, der ihn von dieser »schrecklichen Krankheit« heilen werde.

Wieder habe ihn das Gespräch mit dem Psychiater sehr aufgewühlt und in ihm Angst, Schuldgefühle und depressive Verstimmungen ent-

5.1 Voraussetzung: gay- und transaffirmative Haltung der Professionellen

stehen lassen sowie schwere Schlafstörungen zur Folge gehabt. Mehrfach sei er in den folgenden Nächsten schweißgebadet aus Alpträumen aufgewacht. Und auch tagsüber sei immer wieder der Gedanke in ihm aufgetaucht, ob der Therapeut nicht doch Recht mit seiner Annahme habe, Homosexualität sei eine Perversion und eine schwere Sünde. Mario erwähnte in diesem Zusammenhang, dass ihm spirituelle, religiöse Fragen wichtig seien. Aus diesem Grund seien die Gedanken und Zweifel, die nach den Gesprächen mit dem Psychiater in ihm aufgetaucht seien, besonders quälend für ihn gewesen.

In seiner Not habe er schließlich im Internet recherchiert, was solche Konversionstherapien, wie der Psychiater sie mit ihm durchführen wolle, seien und was über deren Erfolge bekannt sei. Mit Entsetzen habe er feststellen müssen, dass von allen offiziellen politischen und psychiatrisch-psychologischen Stellen dringend davon abgeraten werde, sich solchen Behandlungen auszusetzen, weil sie die betreffenden Patienten in Selbstzweifel, Depressionen und Schuldgefühle stürzen würden, die mitunter sogar im Suizid endeten.

Beim Lesen dieser Hinweise sei ihm mit Schrecken klar geworden, dass hier genau die gleichen Gefühle geschildert wurden wie er sie gerade erlebte. Diese Einsicht habe ihm geholfen, die nächste, bereits vereinbarte Sitzung bei dem Psychiater abzusagen und seinen Eltern unmissverständlich klar zu machen, dass und warum er nie wieder zu diesem Arzt gehen werde. Die Eltern seien zwar der Ansicht gewesen, der Psychiater habe große Erfahrung mit Konversionstherapien und sei darin sehr erfolgreich. Doch hätten sie schließlich, wenn auch widerwillig, Marios Entscheid akzeptieren müssen.

Das, was dieser 18-jährige schwule Mann mir von den beiden Konsultationen bei dem zu einer christlich-freikirchlichen Gemeinde gehörenden Psychiater erzählt hat, entspricht genau den Berichten von anderen Patienten, die derartige »Konversionstherapien« erlebt – richtiger gesagt: erlitten – haben. Ich habe einige Opfer solcher seelischen Misshandlungen gesehen, denen mitunter erst nach längerer Zeit der Absprung von den Umpolungsversuchen gelungen war. Die Folge waren schwere Depressionen, massive Selbstwertkrisen, Angstzustände, Substanzabusus und häufig auch Suizidalität.

Verglichen mit manchen anderen schwulen Männern, die derartige »Therapien« erlebt hatten, hatte Mario noch Glück, da er sich diesen auch »reparative« Therapien genannten Maßnahmen schon nach kurzer Zeit entzogen hat. Andere Schwule, die weniger Stärke haben und sich weniger zu wehren vermögen, bleiben zum Teil jahrelang in solchen »Behandlungen« hängen und tragen gravierende psychische Schäden, bis hin zu Posttraumatischen Belastungsstörungen mit schweren Depressionen und Suizidalität davon, bis sie irgendwann endlich den Absprung finden. Die Selbsthilfeorganisation »Zwischenraum« (Organisation »Zwischenraum«: https://www.zwischenraum.net) nimmt sich der Opfer derartiger Konversionstherapien an.

Im Unterschied zu solchen Umpolungsversuchen erweisen sich die trans- und gayaffirmativen Therapien als wertvolle Unterstützung von Menschen mit Transgeschlechtlichkeit und gleichgeschlechtlichen Orientierungen, indem sie die Klient*innen in der Entwicklung ihrer Geschlechtlichkeit und ihrer sexuellen Orientierung und bei der Integration der sexuellen Orientierungen und der Identität in das Selbstbild unterstützen. Dadurch leisten die trans- und gayaffirmativen Therapien einen wesentlichen Beitrag zur *Stärkung des Selbstwertgefühls* der Klient*innen (Ritter & Terndrup, 2002; Rauchfleisch et al., 2002).

5.2 Behandlung psychischer Störungen

Wie im vorhergehenden Kapitel beschrieben, betrachten wir die Transgeschlechtlichkeiten als den Cisgeschlechtlichkeiten gleichwertige Varianten, die nichts mit irgendeiner Art von Pathologie zu tun haben. Dasselbe gilt für die Bi- und Homosexualitäten, die gleichwertige Varianten der Heterosexualitäten sind. Innerhalb der verschiedenen Identitäten und sexuellen Orientierungen finden wir je das ganze Spektrum von Gesundheit bis Krankheit, wobei allfällige psychische Erkrankungen aber nicht die Geschlechtlichkeit und die sexuellen Orientierungen selbst betreffen.

Unter den trans, bi- und homosexuellen Kindern und Jugendlichen, mit denen wir in den verschiedensten Kontexten zusammentreffen, werden wir immer auch einen Teil finden, der psychische Erkrankungen aufweist. Diese können reaktiver oder primärer Art sein. Von einigen der reaktiven Störungen war früher die Rede (▶ Kap. 3.3).

Wie in den anderen Kapiteln dieses Buches dargestellt, befinden sich trans, bi- und homosexuelle Kinder und Jugendliche in unserer cis heteronormativen Gesellschaft von Kindheit an in einer schwierigen Lage. Es liegt auf der Hand, dass die daraus erwachsenden Belastungen (▶ Kap. 2.3 und ▶ Kap. 2.4)) psychische Störungen zur Folge haben können. Zu diesen *reaktiven Störungen* gehören vor allem Depressionen, Angst, Lustlosigkeit, Antriebslosigkeit, Konzentrationsprobleme, sozialer Rückzug, Rast- und Ruhelosigkeit (»Nervosität«), gereizt-aggressive Stimmungen, Selbstverletzungen, Suizidalität, ein herabgesetztes Wohlbefinden, geringe Lebenszufriedenheit und auch Schlafstörungen.

Wir können bei trans, bi- und homosexuellen Heranwachsenden die *gleichen Therapiekonzepte* anwenden wie bei cis heterosexuellen Gleichaltrigen, seien es psychodynamische, verhaltenstherapeutische, systemische oder andere Therapiekonzepte. Es braucht bei diesen Heranwachsenden keine Modifikationen des therapeutischen Vorgehens.

Der einzige – allerdings wichtige – Unterschied zu Therapien mit cis heterosexuellen Heranwachsenden liegt darin, dass wir die bereits dargestellten *spezifischen Bedingungen* (▶ Kap. 2), unter denen trans, bi- und homosexuelle Kinder und Jugendliche aufwachsen und leben, beachten müssen. Die Therapeut*innen müssen diese Bedingungen stets im Auge behalten, und ihnen muss klar sein, dass aus diesem Grunde die Behandlungen dieser Kinder und Jugendlichen *gleich und doch anders* sind als die von cis heterosexuellen Heranwachsenden (Rauchfleisch et al., 2002).

Die meisten der Symptome berichten die Heranwachsenden selbst, sobald sie Vertrauen zu den Behandelnden gefasst haben. Wenn sie vermuten, die Therapeut*innen würden möglicherweise ihre Zustimmung zu weiteren Transitionsschritten davon abhängig machen, ob psychopathologische Symptome bestehen, werden die Jugendlichen allfällige psychische Probleme jedoch verständlicherweise nicht mitteilen oder auch auf Befragen hin verneinen.

Es ist deshalb wichtig, eine *vertrauensvolle Beziehung* zu den Heranwachsenden herzustellen und mit ihnen zu besprechen, dass psychische Probleme, unter denen sie vielleicht leiden, kein Grund sind, weitere Transitionsschritte, z. B. hormonelle oder chirurgische Interventionen, nicht einzuleiten. Wir müssen den Kindern und Jugendlichen klar machen, dass das Coming Out viel Kraft erfordert und es deshalb wichtig für uns ist, genau über ihren Gesundheitszustand informiert zu sein, damit wir mit ihnen an der Stabilisierung ihrer Persönlichkeit arbeiten können und sie dadurch fähig werden, ihre Transition erfolgreich zu gestalten. Nach meiner Erfahrung gelingt es in solchen Gesprächen, auch mit Kindern eine gute Compliance herzustellen, so dass sie offen über ihre Symptome sprechen und uns ehrlich Veränderungen in diesem Bereich mitteilen.

Ich möchte noch auf zwei Phänomene eingehen, mit denen wir bei trans, bi- und homosexuellen Jugendlichen und jungen Erwachsenen häufig konfrontiert sind. Es sind zum einen Selbstverletzungen (Jackman et al., 2016) und zum anderen Autismus-Spektrum-Störungen.

Selbstverletzungen finden wir heute insgesamt bei einer relativ großen Zahl von Jugendlichen. So berichten die Autor*innen (Brunner et al., 2014) einer schulbasierten Studie, dass zwischen 25 % und 35 % der Jugendlichen angeben, sich zumindest einmal bisher in ihrem Leben selbst geschädigt zu haben. 10 % bis 12 % berichteten von wiederholten Selbstverletzungen.

Bei trans, bi- und homosexuellen Jugendlichen finden wir Selbstverletzungen, vor allem in Form von Schnitten, insbesondere vor und am Beginn des Coming Out. Häufig treten diese Selbstverletzungen zusammen mit Depressivität und Angst (Resch, 2017, S. 26) auf. Die Beschreibung, die Resch (2001, 2017) vom »Spannungsbogen« solcher Selbstverletzungen bei Jugendlichen allgemein gibt, trifft sehr genau auch auf die Situation von trans und gleichgeschlechtlich empfindenden Jugendlichen zu:

Der *Selbstverletzungszyklus* beginnt oft durch belastende zwischenmenschliche Erfahrungen, die als sehr negativ erlebt werden und häufig mit Demütigungen und Entwertungen verbunden sind. Dies ist, wie beschrieben (▶ Kap. 2.1, ▶ Kap. 2.2, ▶ Kap. 2.4), eine Erfahrung, die diese Jugendlichen immer wieder im Alltag machen. Die Folge sind Wutgefühle, Verzweiflung und Hilflosigkeit. Es kommt zu eskalierenden Zyklen negativer Selbsteinschätzung mit Selbstvorwürfen, Selbsthass, Scham und Wut.

Gemäß Resch (2017, S. 24) lassen die Erinnerungen an die belastenden Erlebnisse den Wunsch, sich zu verletzen, immer stärker werden, wobei diese Phase des selbstverletzenden Verhaltens oft von Depersonalisationsgefühlen geprägt ist und es zu einer »Spaltung des Selbst (…) in einen wahrnehmenden und einen handelnden Teil« (Resch, 2017, S. 24) kommt. Wenn der Schnitt gesetzt ist und das Blut rinnt, tritt bei den Jugendlichen ein Gefühl der Erleichterung und des Wohlbefindens auf.

Es bleibt jedoch nicht bei diesen positiven Gefühlen, sondern es bauen sich zunehmend »negative Gefühle des Ekels, der Scham und der Schuld wieder auf« (Resch, 2017, S. 24). Auf diese Weise entsteht ein Circulus vitiosus, wie wir ihn bei bi- und homosexuellen Jugendlichen, aber insbesondere bei Jugendlichen mit Transgeschlechtlichkeit häufig finden.

So negativ die Auswirkungen solcher Selbstverletzungen oft auch sind, so stimme ich in Bezug auf trans, bi- und homosexuelle Jugendliche Resch zu, dass man dieses Verhalten im Grunde als eine »selbstfürsorgliche Handlung (Resch, 2017, S. 40)« verstehen kann. Den Jugendlichen gelingt es dadurch, innere Spannungen zu reduzieren und Selbstbestrafungstendenzen auszuleben. Außerdem besitzen die Selbstverletzungen auch einen »*identitätsstiftenden Charakter*, weil sich die Patient*innen im Anblick ihres eigenen Blutes als Selbst wiedererkennen« (Resch, 2017, S. 40). Dies ist nach meiner Beobachtung ein zentrales Motiv bei trans Jugendlichen, die sich ihrer von außen oft abgelehnten und in Frage gestellten Identität immer wieder versichern müssen und dies dann durch Selbstverletzungen tun.

Schließlich ist beim Thema Selbstverletzungen auch die *interaktionelle Dimension* zu berücksichtigen. Die sich selbst verletzenden Jugendlichen geben damit ihrer Umgebung – und das sind die Eltern ebenso wie wir Professionellen – ein präverbales Signal, dass sie sich in Not befinden. In dieser Hinsicht kann »der autoaggressive Akt auch zu einer Aggression (werden), die den anderen als Zuschauer in eine ausweglose Situation versetzen kann« (Resch, 2017, S. 41).

Wie erwähnt, ist es für eine offene Interaktion zwischen den Jugendlichen und den Therapeut*innen wichtig, dass wir die Selbstverletzungen nicht als »schlechtes« Verhalten bewerten, sondern sie als Hinweise auf starke innere Spannungen, Ängste und andere, auf andere Art nicht zu bewältigende psychische Probleme betrachten, über deren Hintergründe wir sprechen müssen, um Abhilfe zu schaffen.

Gelingt mir dies in den Begleitungen solcher Jugendlicher, so ist es nach meiner Erfahrung oft nicht einmal nötig, dass ich immer wieder aktiv nach den Selbstverletzungen frage. Die Jugendlichen berichten mir vielmehr von sich aus, ob Selbstverletzungen nach wie vor eine Rolle spielen, in welchen Situationen sie etwa besonders starke Impulse gespürt haben, sich zu schneiden, und ob die Strategien, die wir als Schutz vor diesen Selbstverletzungen diskutiert haben, gegriffen haben. Dabei erkennen die Heranwachsenden im Verlaufe der Zeit selbst die Zusammenhänge zwischen den äußeren Belastungen und den Tendenzen, sich selbst zu verletzen.

Ähnliches gilt für andere Symptome wie Ängste, depressive Verstimmungen, Suizidgedanken, dissoziative Phänomene, körperliche Symptome und Substanzabusus, die bei trans, bi- und homosexuellen Kindern und Jugendlichen nachweislich häufiger als bei cis heterosexuellen Jugendlichen vorkommen (Bachmann & Simon, 2014; Berg et al., 2017; Biechele, 2009; Fergusson et al., 1999; Herek et al., 2009; King et al., 2008; Krell & Oldemeier, 2017; Matthews-Ewald et al., 2014; Newcomb & Mustanski, 2010; Pfister & Mikolasek, 2019; Plöderl & Tremblay, 2015; Sattler, 2018). Im Allgemeinen verschwinden diese reaktiven Symptome, sobald sich die Lebenssituation dieser Jugendlichen entspannt, erste Coming Out-Schritte erfolgreich bewältigt sind und damit die Belastungen geringer werden.

Den Zusammenhang zwischen den äußeren Belastungen und allfälligen psychischen Problemen herzustellen, ist insofern wichtig, als dadurch das *Selbstwertgefühl* der Kinder und Jugendlichen *gestärkt* wird – was ja ein Aspekt des trans- und gayaffirmativen Vorgehens ist. Die Heranwachsenden müssen sich nicht länger als »Versager« oder »psychisch Kranke« empfinden, sondern sehen, dass sie mit den psychischen Problemen auf Belastungen reagieren, denen andere Heranwachsende in dieser Art und Schwere im Allgemeinen nicht ausgesetzt sind.

Weitgehend ähnlich ist das Vorgehen, wenn wir es mit *primären psychischen Erkrankungen* zu tun haben. Dies können bei Jugendlichen und jungen Erwachsenen Persönlichkeitsstörungen, schwere depressive Episoden, posttraumatische Belastungsstörungen, ADHS und andere Störungen sein. Auch in diesem Fall werden wir den Patient*innen erklären, in welcher Hinsicht die Erkrankung ein Problem beim Coming Out oder bei der Transition darstellen kann und dass es deshalb notwendig ist, mit ihnen therapeutisch an dieser Störung zu arbeiten. Wichtig auch hier, den Jugendlichen und jungen Erwachsenen klar zu machen, dass diese Störungen kein Grund sind, ihnen weitere Transitionsschritte zu verweigern.

Oft sind bei den primären Störungen die Reaktionen auf innere und äußere Stressoren besonders heftig. Durch die schweren psychischen Erkrankungen ist die Widerstandskraft der betreffenden Kinder und Jugendlichen natürlich geringer als die psychisch Gesunder oder derjenigen, die nur leichte reaktive Störungen aufweisen. Aus diesem Grunde haben die erwähnten Belastungen auf die psychisch Kranken einen wesentlich stärkeren negativen Einfluss und führen häufig zu einer nochmaligen Verschlechterung der Grunderkrankung (zu der in diesem Fall indizierten psychodynamischen Psychotherapie s. Burchartz, 2015).

Ein weiteres speziell bei Kindern und Jugendlichen mit einer Transgeschlechtlichkeit relativ häufig auftretendes Störungsbild ist das einer *Autismus-Spektrum-Störung*. Die Ergebnisse verschiedener Studien weisen darauf hin, dass die Häufigkeit dieser Störung bei trans Kindern mit 5,5 % (Pasterski et al., 2014) bzw. mit 7,8 % (De Vries et al., 2010) um mehr als das Zehnfache höher ist als in der Gesamtbevölkerung (Prävalenz 0,6 % bis 1 %; Preuss, 2016). Die Gründe für dieses gemeinsame Auftreten von Transgeschlechtlichkeit und Autismus-Spektrum-Störungen ist nach wie vor weitgehend ungeklärt. Es wird jedoch vermutet, es könne gemeinsame – bisher aber nicht hinreichend belegte – ätiologische Wirkfaktoren geben (Auyeung et al., 2009; Preuss, 2016).

Preuss (2016) und andere Fachleute raten im Fall einer solchen vermuteten Störung zu einer Überweisung an einen Spezialisten, damit eine sorgfältige diagnostische Abklärung vorgenommen werden kann. Die Autismus-Spektrum-Störungen stellen nicht unbedingt eine Kontraindikation für die hormonelle Behandlung von trans Kindern und Jugendlichen dar. Bei Jugendlichen und jungen Erwachsenen mit einem hochfunktionalen Autismus (High-Functioning-Autism) oder einem klassischen Asperger-Syndrom können durchaus Hormonbehandlungen vorgenommen werden (Preuss, 2016, S. 163).

In Anbetracht der Komplexität der Autismus-Spektrum-Störungen erfordern diese Kinder und Jugendlichen ein auf sie individuell zugeschnittenes therapeutisches Vorgehen, das neben der Frühförderung ein Training sozialer Kompetenzen, psychotherapeutische Bearbeitung komorbider Erkrankungen (wie Angst- und Zwangsstörungen), allfällige medikamentöse Behandlungen sowie Logo- und Ergotherapien umfasst (Häussler, 2016). Aus diesem Grund ist beim Vorliegen einer Autismus-Spektrum-Störung bei trans Kindern und Jugendlichen eine enge Zusammenarbeit der Fachleute für trans Begleitungen mit solchen für Autismus-Spektrum-Störungen erforderlich (s. die Publikationen des Universitären Zentrums Autismus Spektrum (UZAS) in Freiburg/Br.).

5.3 Bearbeitung der Traumatisierungen und der verinnerlichten Trans- und Homonegativität

Wie früher ausgeführt (▶ Kap. 2.3 und ▶ Kap. 2.4), hinterlassen die in unserer Gesellschaft weit verbreiteten negativen Klischeebilder, mit denen LGBTIQ*-Menschen von Kindheit an konfrontiert sind, und die Diskriminierungen, die sie im Verlauf ihres Leben erleiden, Spuren in ihrer Persönlichkeit. Aus diesem Grund gilt es, in den therapeutischen Begleitungen von trans, bi- und homosexuellen Kindern und Jugendlichen insbesondere auf diese Verletzungsfolgen zu achten.

Aus diesen Überlegungen ergibt sich, dass die Psychotherapien dieser Kinder und Jugendlichen zwar mit den gleichen Therapiekonzepten, vorzugsweise mit psychodynamischen Konzepten (Burchartz, 2019), durchgeführt werden können wie die Behandlungen von cis heterosexuellen Heranwachsenden. Es müssen jedoch beim gleichen therapeutischen Vorgehen die Hintergründe der Symptome, die aus der spezifischen Lebenssituation von Menschen mit Transgeschlechtlichkeit und mit von der Majorität abweichenden sexuellen Orientierungen herrühren, beachtet werden.

Im Allgemeinen müssen diese Themen nicht von uns Therapeut*innen in die Diskussion gebracht werden. Die Kinder und Jugendlichen berichten spontan von den Ereignissen dieser Art, die sie im familiären, schulischen und sonstigen Alltag erleben. Wenn die Kinder und Jugendlichen jedoch gar nicht über sie verletzende Äußerungen ihres Umfeldes oder über diskriminierende Verhaltensweisen ihrer Bezugspersonen sprechen, ist es wichtig, dass die Therapeut*innen direkt nachfragen.

Selbstverständlich gibt es trans, bi- und homosexuelle Kinder und Jugendliche, die bei ihrer Umgebung auf große Offenheit treffen und selten Ausgrenzungen erleben. Außerdem eignen sich diese Kinder oft schon früh Strategien an, wie sie mit allfälligen Diskriminierungen umgehen, um sich dadurch nicht allzu tief verletzen zu lassen. Bei der cis heteronormativen Haltung, die unsere Gesellschaft prägt, ist es jedoch praktisch unmöglich, dass sie nirgends Ablehnung irgendwelcher Art erleben. Aus diesem Grund müssen Verletzungserfahrungen in der Therapie thematisiert werden, damit wir zusammen mit den Kindern Strategien entwickeln können, mit denen sie sich zu schützen vermögen.

Die Arbeit an solchen Strategien ist eines der wichtigen Ziele einer gay- bzw. transaffirmativen Therapie. Es wäre jedoch nachteilig für den weiteren Entwicklungsprozess und die Transitionsschritte, die vor diesen Kindern liegen, wenn wir mit ihnen nicht auch ausführlich über die Verletzungen sprechen würden, die sie bewusst vielleicht kaum wahrnehmen, unter denen sie aber im Innern doch leiden. Wann und in welcher Form wir solche Themen ansprechen, hängt von den jeweiligen Lebensumständen der Kinder und Jugendlichen ab, von ihrer emotionalen Stabilität und von dem Vertrauen, das sie in der Beziehung zu uns haben aufbauen können.

Mitunter sind es, von außen gesehen, kleine Verletzungen. Dies kann bei trans Kindern beispielsweise die Tatsache sein, dass Eltern oder Geschwister sich immer wieder beim Vornamen »versprechen«, d. h. nach wie vor den offiziellen Namen (den »deadname«) verwenden, obwohl das Kind sie ausdrücklich darum gebeten hat, es mit dem seinem erlebten Geschlecht entsprechenden Namen anzusprechen.

Verletzungen mit darauffolgenden depressiven Verstimmungen und Gefühlen der Hoffnungslosigkeit können auch dadurch entstehen, dass die Familienangehörigen konsequent die sexuelle Orientierung des bereits geouteten homosexuellen Jugendlichen ausblenden. In diesen Fällen ist etwa das Thema »Homosexualität« totales Tabu oder es wird in einer den Jugendlichen verletzenden Weise bagatellisiert durch Hinweise wie »das ist nur so eine Phase«, »das vergeht wieder« (Rauchfleisch, 2012). Das gleiche Verhalten können wir auch bei Angehörigen von trans Jugendlichen finden (Rauchfleisch, 2019d).

In diesen Fällen geht es in der Therapie darum, mit den Kindern und Jugendlichen zum einen zu besprechen, dass eine solche Erfahrung zwar bitter für sie ist, sie aber mit solchen und ähnlichen Reaktionen ihres näheren und weiteren Umfeldes rechnen müssen. Sinnvoll ist es dabei auch, sich miteinander Gedanken darüber zu machen, was andere Menschen bewegen mag, sich in dieser verletzenden Weise zu verhalten.

Das Ziel solcher Gespräche ist indes nicht, die Interaktionspartner zu entschuldigen oder ihr Verhalten gar zu rechtfertigen. Diese Überlegungen sind nach meiner Erfahrung jedoch notwendig, damit die Heranwachsenden eine *realistische Sicht* ihrer Umwelt entwickeln. Dadurch wird es ihnen möglich zu differenzieren zwischen Situationen, in denen es um ein absichtlich bösartiges Verhalten geht, und anderen Situationen, in denen das Gegenüber sich aus Unwissenheit oder »alter Gewohnheit« in einer verletzenden Art verhält. Dies ist wichtig, weil die Reaktion der trans, bi- und homosexuellen Jugendlichen je nach Situation unterschiedlich sein wird.

In der therapeutischen Begleitung kommt es dann darauf an, miteinander Strategien zu erarbeiten, wie sich die Heranwachsenden gegen derartige Verletzungen wehren bzw. immunisieren können. Wenn es um Konflikte geht, die sich in der Familie abspielen und zu Verletzungen der Jugendlichen führen, bieten sich Sitzungen zusammen mit den Eltern oder auch der ganzen Familie an.

Immer wieder kommt es zu Verletzungen der Kinder und Jugendlichen durch ihre Eltern und Geschwister, wenn diese nach den ersten

Coming Out-Schritten der Kinder Zeit brauchen, sich an die Tatsache »Transgeschlechtlichkeit« oder »Homosexualität« zu gewöhnen. Fast regelhaft folgt auf das Coming Out das Bedürfnis dieser Kinder, nun »der ganzen Welt« mitzuteilen, dass sie trans oder gay sind. Jegliches Zögern der Eltern, dies etwa den Großeltern oder anderen Verwandten noch nicht jetzt gleich mitzuteilen, empfinden die Kinder dann oft als persönliche Ablehnung und Nicht-Akzeptanz ihrer Identität.

In solchen Situationen ist es angezeigt, mit den Jugendlichen zu besprechen, dass sie selbst sich lange Zeit mit diesem Thema beschäftigt haben, ehe sie es ihren Eltern mitgeteilt haben. Sie müssen nun ihren Angehörigen auch Zeit geben, damit diese sich damit innerlich auseinandersetzen können. Denn wichtige Coming Out-Schritte müssen in der Familie sinnvoller Weise koordiniert werden (▶ Kap. 5.4). Außerdem steht hinter manchen ablehnenden Reaktionen der Eltern in erster Linie die Sorge, dass ihre Kinder durch die Transgeschlechtlichkeit oder Homosexualität im weiteren Leben Diskriminierungen und Angriffen ausgesetzt seien (vgl. Rauchfleisch, 2012, S. 45–68; 2019d, S. 97–116).

Schwerwiegende Belastungen mit verletzenden Folgen können Konflikte darstellen, die zwischen den Eltern wegen der Identität ihres Kindes aufbrechen. Nicht selten ist ein Elternteil – häufig ist es die Mutter – fähig, positiv auf das Coming Out des Kindes zu reagieren. Der andere Elternteil aber lehnt etwa die sexuelle Orientierung oder die Transgeschlechtlichkeit des Kindes ab. Die Folge sind unter Umständen heftige Auseinandersetzungen der Eltern, für die das Kind sich dann schuldig fühlt und auf die es mit depressiven Verstimmungen reagiert.

Zu einer unheilvollen Eskalation kann es bei den elterlichen Auseinandersetzungen kommen, wenn bereits vorher Konflikte zwischen ihnen bestanden haben, beispielsweise bei geschiedenen Eltern mit gemeinsamem Sorgerecht. Besonders brisant wird die Situation, wenn der die Identität des Kindes ablehnende Elternteil dann dem anderen vorwirft, »Schuld« an der Entwicklung des Kindes zu sein oder das Kind zu manipulieren.

Es liegt auf der Hand, dass eine solche Situation sowohl mit dem Kind als auch mit den Eltern bearbeitet werden muss. Allerdings führt dies nicht immer zu einer einvernehmlichen Lösung der Konflikte. Ich habe erlebt, dass mitunter die einzige Lösung für das Kind war, zu seinem eigenen Schutz zumindest im Moment den Kontakt zum ablehnenden Elternteil oder auch zu beiden Eltern abzubrechen.

Eine 18-jährige Jugendliche, Anita, meldete sich bei mir per Mail an und bat dringend um einen Termin. Als sie bei mir im Zimmer saß, eröffnete sie mir, dass sie ein trans Mann sei und im Freundeskreis bereits seit einiger Zeit den männlichen Namen Dominik führe. Vor vier Monaten habe sie mit den Eltern über das Transsein gesprochen. Die Eltern, die sonst aufgeschlossen und tolerant seien, seien aus allen Wolken gefallen. Ihr Argument sei gewesen: »Das bildest du dir nur ein. Und sicher ist das nur eine Phase, die wieder vergeht. Vielleicht stehst du einfach auf Mädchen. Das macht ja nichts. Aber ein Mann bist du auf keinen Fall!«.

Dominik fühlte sich durch diese Äußerungen der Eltern tief verletzt, zumal er mit einer völlig anderen Reaktion gerechnet hatte. Da er der Ansicht gewesen sei, dies sei nur eine erste spontane Reaktion der Eltern gewesen, habe er sich bald wieder beruhigt und habe den Eltern Literatur zum Thema Trans gegeben und sie auf Informationen im Internet hingewiesen. Die Eltern hätten aber strikt abgelehnt, irgendeines dieser Informationsmittel zu benutzen. Sie seien der Ansicht: »Wir wissen alles über Transsexualismus« – wobei der die Pathologie betonende Begriff »Transsexualismus« den jungen Mann zusätzlich verletzte.

In der Folge hatte Dominik versucht, immer wieder einmal das trans Thema anzusprechen. Die Eltern hätten jedoch jedes Mal »eisig« darauf reagiert und hätten jeden Hinweis von ihm über das Thema »einfach im Nichts verpuffen lassen«. Nur einmal noch sei es zu einem heftigen Wortwechsel gekommen, als er den Eltern erzählt habe, dass seine Studienkolleg*innen und seine Freund*innen akzeptierender und wertschätzender mit ihm umgingen und ihn seinem Wunsch entsprechend »Dominik« nennen. Die Eltern seien über diese Äußerung empört gewesen und hätten noch einmal bekräftigt, dass das Thema »Transsexualismus« für sie »erledigt« sei.

Meinen Vorschlag, mit den Eltern zusammen ein Gespräch zu führen, begrüßte Dominik zwar. Er äußerte jedoch die Befürchtung, die Eltern würden eine Einladung von mir – zumindest im Moment

– nicht annehmen. Sie wüssten, dass er einen Termin bei mir habe, und hätten sich im Internet kundig über mich gemacht. Ihnen sei eigentlich nicht recht, dass er Konsultationen bei mir habe, und sie hätten gemeint: »Hoffentlich bestärkt der dich nicht noch in dieser absurden Idee!« Zudem fühle er sich zurzeit noch nicht fähig zu einem solchen Gespräch zu Viert.

In den Begleitungen von trans und homosexuellen Jugendlichen ist es mir wichtig, mit ihnen zu klären, was sie tun können, wenn die Situation zu Hause eskalieren würde. Ich habe diese Situation deshalb auch mit Dominik besprochen und war froh zu erfahren, dass er die Möglichkeit hatte, zu der Familie eines Studienkollegen zu gehen, der auch ein trans Mann sei. Dessen Eltern hätten viel Verständnis für den Sohn und hätten auch Dominik schon des Öfteren in Krisensituationen unterstützt. Im Notfall könne er zu dieser Familie ziehen. Sie hätten ein großes Haus und seien bereit, ihn jederzeit aufzunehmen. Da sie einen guten Draht zu seinen Eltern hätten und aus eigener Erfahrung wüssten, was es bedeute, einen trans Sohn zu haben, seien sie auch diejenigen, die sicher am besten als Vermittler in Frage kämen.

Tatsächlich kam es einige Wochen später zwischen Dominik und seinen Eltern zu einer heftigen Auseinandersetzung, während der es beinahe auch zu Tätlichkeiten des Vaters ihm gegenüber gekommen wäre. Der Vater habe sich nur durch Eingreifen der Mutter daran hindern lassen, Dominik zu schlagen. Der Jugendliche hat daraufhin das Elternhaus verlassen und hat etliche Wochen bei der Familie seines Freundes gelebt.

In dieser Zeit sprach er einige wenige Male telefonisch mit den Eltern und schlug ihnen nun ein gemeinsames Gespräch mit mir vor. In Anbetracht der Krise, unter der auch die Eltern litten, waren sie zu diesem Gespräch bereit. Es brauchte indes einige Sitzungen, um die Situation zumindest so weit zu klären, dass Dominik wieder regelmäßig Kontakt mit den Eltern hatte. Er wohnte aber noch drei weitere Monate bei der Familie seines Freundes.

Zumindest war es nun aber in den Sitzungen bei mir möglich, mit den Eltern zusammen ein konstruktives Gespräch über Dominiks Transgeschlechtlichkeit zu führen, wobei ihnen klar wurde, dass es keine »absurde Idee« und keine »Phase, die wieder vergeht«, sondern Dominik sehr ernst war. Sie begannen sich nach und nach mit dem Thema auseinanderzusetzen. Ihren Sohn mit dem Namen »Dominik« anzusprechen, verweigerten sie jedoch noch längere Zeit. Erst als Dominik nach einem dreiviertel Jahr mit einer Testosteron-Behandlung begann, was zunehmend zu einer Vermännlichung seines Erscheinungsbildes führte, konnten sie sich, wenn auch zögernd und spürbar widerwillig dazu entschließen, den männlichen Namen zu verwenden.

Wie diese Behandlungssequenz des trans Jugendlichen zeigt, ist es im Rahmen der Begleitung wichtig, frühzeitig ein Szenario für den »worst case« zu planen. Im Fall von Dominik war dies relativ einfach, da er schon engen Kontakt zu den Eltern eines anderen trans Jugendlichen hatte, die ihrem Sohn wesentlich mehr Akzeptanz entgegenzubringen vermochten als Dominiks Eltern. Für Dominik und seine Familie war es günstig, dass er den Kontakt zu den Eltern für einige Zeit gänzlich unterbrechen konnte und in dieser Zeit Unterstützung von der Familie des Freundes erhielt. In der begleitenden Therapie konnten wir dann auch an den Verletzungen arbeiten, die Dominik durch die entwertenden Äußerungen und die ablehnende Haltung seiner Eltern erlitten hatte.

Eine Verletzung, auf die wir als Therapeut*innen achten und die wir unbedingt bearbeiten müssen, ist die von Isay (1990) beobachtete *Enttäuschung am gleichgeschlechtlichen Elternteil* (▶ Kap. 1), wie wir sie in der Entwicklung vieler homosexueller Menschen finden. Kinder und Jugendliche berichten, wenn überhaupt, nur indirekt über diese Gefühle. Bei ihnen zeigen sie sich, wie auch in den Psychotherapien von Erwachsenen, in erster Linie in der Übertragung, in der sie die Therapeut*innen als uneinfühlsam und ablehnend erleben. Hier projizieren die Patient*innen in Form einer negativen Übertragung ihre aus der Frühzeit ihrer Entwicklung stammenden Enttäuschungsgefühle auf die Therapeut*innen. Dadurch bietet sich die Möglichkeit, diese Gefühle zu bearbeiten.

Ein wichtiger Bestandteil der begleitenden Therapie ist die *Bearbeitung der verinnerlichten Trans- und Homonegativität* (▶ Kap. 3.2). Dieses

Thema ist deshalb von so großer Bedeutung, weil sich die verinnerlichten negativen Bilder der Transgeschlechtlichkeit und der Homosexualität in starkem Maße selbstschädigend auswirken. Sie unterhöhlen das Selbstwertgefühl und führen zu massiven Selbstwertzweifeln bis hin zu Selbsthass und Suizidalität. Aus diesem Grund ist es wichtig, auf jegliche Äußerung von verinnerlichter Trans- und Homonegativität zu achten und sie als solche zu benennen.

Da die negativen Bilder von Transgeschlechtlichkeit und Homosexualität auf alle in unserer Gesellschaft aufwachsenden Menschen einwirken, haben selbstverständlich auch trans und homosexuelle Kinder sie unreflektiert verinnerlicht und bemerken im Allgemeinen nicht, wo und wann sie wirksam werden. Aus diesem Grund gilt es, sie in der Therapie aufzuspüren, bewusst zu machen und zu hinterfragen. Wenn es tief in den Jugendlichen verwurzelte negative Überzeugungen sind, kann dies zu hoch emotionalen Gesprächen mit ihnen führen.

> Ein trans Jugendlicher erwähnte in einer Therapiesitzung eher beiläufig, dass ein Klassenkamerad ihn »blöde angemacht« habe. Auf meine Nachfrage berichtete der Jugendliche, der andere habe gesagt, er sei doch kein »richtiger Junge«; auch wenn er sich wie ein Junge kleide und sich so benehme, sei das im Grunde ein Theaterspiel; er sei und bleibe ein Mädchen. Mir fiel auf, dass der Jugendliche über diese Äußerung zwar ärgerlich war, aber auffallend verhalten reagierte. Da wir früher schon auf das Thema der verinnerlichten Transnegativität gestoßen waren, vermutete ich auch jetzt, dass die Ursache dieser Verhaltenheit die verinnerlichte Transnegativität war. Ich kommentierte deshalb den Bericht des Jugendlichen damit, dass ich es als ungeheuer verletzend und geradezu bösartig empfände, was der Klassenkamerad zu ihm gesagt habe.
>
> Der Jugendliche nickte und blieb zunächst stumm. Dann brach es plötzlich aus ihm heraus: Der Kollege habe doch völlig recht! »Ich bin und bleibe ein Mädchen. Da kann ich noch so viele Hormone in mich hineinstopfen, kann meine Brüste entfernen lassen und mir sogar einen Schwanz anoperieren lassen! Das ist doch ein reines Theaterspiel!«. Ich war sehr betroffen durch diese heftige Reaktion. Der Jugendliche hatte zwar früher schon ähnliche Äußerungen von sich

gegeben, allerdings in wesentlich gemäßigterer Form, wobei er früher jeweils auch noch eine positive Position vertreten hatte. Jetzt aber hatte er sich zum alleinigen Sprachrohr des seine Transgeschlechtlichkeit ablehnenden Kollegen gemacht.

Ich habe in der weiteren Diskussion im Sinne des transaffirmativen Vergehens vehement die positive Sicht und die Akzeptanz seiner Transgeschlechtlichkeit vertreten, während der Jugendliche darauf beharrte, er sei ein »Fake«, sei »nicht Fisch und nicht Fleisch«. Die Selbstablehnung gipfelte in seinem Ausspruch: »Ich bin einfach nur Scheiße!«

In solchen Situationen ist mir das Konzept des szenischen Verstehens von Lorenzer (1983) sehr hilfreich. Bei diesem Konzept geht es darum, die Therapiesitzung wie eine Theateraufführung zu betrachten und sich zu fragen, was die beiden Protagonisten, in diesem Falle der Jugendliche und ich, miteinander machen. Der Vorteil dieses Modells ist, dass wir uns als Therapeut*innen nicht nur fragen, was macht der Patient mit mir, sondern uns selbst in die Betrachtung miteinbeziehen. Konkret bedeutete dies, dass ich an dieser Stelle unseres emotional heftigen Gesprächs gesagt habe: »Wenn uns jemand hören würde, wie wir hier diskutieren, und uns diese Person nicht sehen könnte, entstünde bei ihr sicher der Eindruck, du seist der Staatsanwalt, der sein Plädoyer mit unbarmherziger Härte durchzieht, und ich der verzweifelt argumentierender Anwalt, der den Angeklagten zu verteidigen versucht. Ist das nicht eine merkwürdige Situation?«

Der Jugendliche schaute mich überrascht an und fing an zu grinsen. »Ist es wirklich so krass?«, meinte er dann. Ich habe genickt und geantwortet, es sei noch viel krasser als ich es mit dem Bild vom Staatsanwalt und Anwalt ausgedrückt hätte. Denn im Gerichtssaal seien es zwei Personen, die über einen Dritten sprächen. Hier aber gehe es um ein vernichtendes Urteil, das der Jugendliche über sich selbst fälle, wobei er sich mit dem negativen Bild offenbar vollkommen identifiziere und sich dadurch selbst zutiefst verletze.

Dieser Ausschnitt aus einer Therapiesitzung soll deutlich machen, wie heftig die Auswirkungen der verinnerlichten Transnegativität sein können und wie schwierig es in solchen Situationen ist, die Transnegativität zu bearbeiten. Gerade deshalb ist es wichtig, die negativen Bilder, welche die Kinder und Jugendlichen verinnerlicht haben, immer wieder und an verschiedenen, auch scheinbar harmlosen Beispielen zu benennen und zu hinterfragen.

5.4 Begleitung des Coming Out-Prozesses

Eine wichtige Phase im Leben von trans, bi- und homosexuellen Kindern und Jugendlichen ist die des Coming Out. Wie weiter oben (▶ Kap. 2.2) geschildert, ist es ein zweiphasiger Prozess, in dem sich die betreffende Person zunächst ihrer Geschlechtlichkeit bzw. Orientierung bewusst wird und sie akzeptiert und dann in einem zweiten Schritt ihre Umgebung darüber informiert. Das Coming Out ist ein Prozess, der Ich-Stärke und soziale Kompetenz erfordert, weil es immer wieder zu entscheiden gilt: wem? – was? – zu welcher Zeit? – in welcher Form?

Soweit es bi- und homosexuelle Kinder und Jugendliche betrifft, brauchen längst nicht alle von ihnen in diesem Prozess eine fachliche Begleitung. Wenn es aber zu großen Konflikten in der Familie kommt oder die Jugendlichen unter starken psychischen Problemen leiden, ist eine therapeutische Begleitung in jedem Fall sinnvoll.

Je nach Alter der Jugendlichen können es Therapiesitzungen sein, die mehrheitlich mit den Jugendlichen allein und gelegentlich mit den Eltern zusammen durchgeführt werden. Meine Erfahrung ist, dass es in den meisten Fällen sinnvoll ist, die Eltern und/oder andere wichtige Bezugspersonen wenigstens ab und zu mit einzubeziehen. Zum einen kommt dies den Heranwachsenden zugute, weil ihre Entwicklung positiver verläuft, wenn sie auf ein sie unterstützendes familiäres Umfeld zurückgreifen können (Institute of Medicine, 2011). Zum anderen benötigen die Eltern auch Unterstützung, da das Coming Out eines Kindes oder Jugendlichen ja immer auch ein Coming Out für die Eltern und

Geschwister darstellt, die ihrem Umfeld erklären müssen, dass ihr Kind, Bruder oder ihre Schwester homosexuell ist.

In solchen gemeinsamen Sitzungen ist es möglich, zumindest ein Stück weit die Hintergründe des ablehnenden Verhaltens der Eltern zu eruieren. Die Gründe für die Ablehnung können beispielsweise *Sorgen* sein, die sich die Eltern um die Zukunft ihrer Kinder machen. Die Befürchtungen können die berufliche Zukunft der Kinder betreffen, oder es können Sorgen sein, die Kinder könnten Opfer von antihomosexueller Gewalt werden. Wie bereits ausgeführt (▶ Kap. 2.3 und ▶ Kap. 2.4), sind dies keineswegs absurde Ängste und Sorgen. Tatsächlich bestehen diese Gefahren. Nur werden sie von Eltern am Beginn des Coming Out ihrer Kinder häufig überbewertet. Hier gilt es, in den gemeinsamen Sitzungen eine realistische Perspektive zu entwickeln und dadurch übertriebene Ängste der Eltern abzubauen.

Der Ablehnung der Homosexualität ihres Kindes können auch *Ängste* der Eltern zugrunde liegen, wie ihr Umfeld auf die Mitteilung, ihr Sohn sei schwul oder ihre Tochter sei lesbisch, reagieren wird. Dies gilt insbesondere für Familien aus konservativen religiösen Kreisen oder für Familien mit Migrationshintergrund, in denen Homosexualität als Sünde und Krankheit deklariert wird und Eltern mit massiven Vorwürfen rechnen müssen, wenn die Homosexualität ihres Kindes bekannt wird (▶ Kap. 2.4).

Das Ziel von gemeinsamen Sitzungen mit Eltern und Jugendlichen ist oft auch, den Eltern *sachliche Informationen* darüber zu vermitteln, was Homosexualität ist (nämlich eine der Heterosexualität gleichwertige Variante der sexuellen Orientierungen) und was Homosexualität nicht ist (keine Krankheit und nicht Folge von Erziehungsfehlern). Außerdem lassen sich in solchen Familiensitzungen gemeinsame, *aufeinander abgestimmte Coming Out-Strategien* entwickeln, die beiden Teilen, den gay Kindern und Jugendlichen ebenso wie ihren Angehörigen, gerecht werden.

Bei Kindern und Jugendlichen mit Transgeschlechtlichkeit ist es eher angezeigt, dass sie in ihrem Coming Out-Prozess fachlich begleitet werden. Dies ist nach meiner Erfahrung allerdings abhängig vom Alter der Kinder. Jüngere Kinder, z. B. im Vorschulalter, brauchen oft keine therapeutische Begleitung. Für die Eltern dieser jüngeren Kinder hingegen ist eine fachliche Begleitung sinnvoll und wird in der Regel von ihnen auch erbeten, wenn es um Entscheidungen in der Erziehung ihres nicht-geschlechtsrollenkonformen Kindes sowie um die Frage geht, wie das Kind im Kindergarten und in der Schule integriert ist.

Bei älteren trans Kindern und Jugendlichen ist, wie oben dargestellt, eine fachliche Begleitung im Coming Out-Prozess sinnvoll, wobei sich die Frequenz der Sitzungen nach den Bedürfnissen der Jugendlichen richtet. Es gibt Phasen, in denen die Entwicklung in ruhigen Bahnen verläuft und die Integration als trans Jugendliche*r in die Peer-Group keine großen Probleme bereitet. Aber selbst dann gibt es im Alltag dieser Kinder und Jugendlichen immer wieder Situationen, die miteinander geklärt und entschieden werden müssen.

Dies betrifft beispielsweise die Frage, ob ein trans Jugendlicher am Sportunterricht, vor allem am Schwimmen teilnehmen kann. In der Regel müssen diese Jugendlichen davon dispensiert werden, weil ihnen das Umkleiden und insbesondere das Duschen zusammen mit den anderen Jugendlichen sehr unangenehm ist. In diesem Zusammenhang stellt sich dann auch regelhaft die Frage, mit welcher Gruppe sie dies allenfalls gemeinsam tun sollen. Mit den Kolleg*innen des biologischen oder des gespürten Geschlechts?

Die gleichen Fragen tauchen bei Klassenfahrten mit Übernachtungen auf: In welchem Zimmer sollen die trans Jugendlichen schlafen? Probleme, die in dieser Entwicklungsphase auftauchen, sind auch die, welche Toiletten das trans Kind oder der Jugendliche in der Schule aufsucht. All dies muss mit dem Kind, seinen Eltern und den Lehrer*innen besprochen werden (▶ Kap. 5.5).

Auch in Phasen der Transition, in denen es um somatische Behandlungen, beispielsweise die Applikation von Pubertätsblockern oder von gegengeschlechtlichen Hormonen oder um operative Maßnahmen geht (▶ Kap. 5.8), sind Zeiten, in denen vermehrt Gespräche mit den Jugendlichen selbst und den Angehörigen geführt werden müssen.

Schließlich geht es auch darum, miteinander zu klären, wann juristische Änderungen in Form von Änderungen des Vornamens und des Personenstandes anstehen. Um dies zu ermöglichen, werden wir als Fachleute Gutachten und Berichte an die Krankenkassen und die Zivilgerichte erstellen, da trans Personen immer noch auf solche Gutachten angewiesen sind und nicht von sich aus einen Antrag auf somatische Behandlungen und auf die Einleitung juristischer Schritte stellen können. Ich habe bereits darauf hingewiesen, dass dies eine *extreme Fremdbestimmung* von trans Menschen und eine sie tief verletzende Tatsache ist.

5.5 Einbezug von Eltern, weiteren Angehörigen, Lehrer*innen, Arbeitgeber*innen und anderen wichtigen Bezugspersonen

Wie bereits erwähnt, ist es bei der Arbeit mit trans Kindern und Jugendlichen, aber auch bei bi- und homosexuellen Heranwachsenden notwendig, nicht nur mit ihnen selbst, sondern auch mit wichtigen Bezugspersonen zu arbeiten.

Auf den Einbezug der *Eltern* bin ich bereits eingegangen (▶ Kap. 5.4). Wie dort geschildert, steht in manchen Phasen der therapeutischen Begleitung der Kinder die Arbeit mit den Eltern im Mittelpunkt. Falls sich in den Gesprächen mit ihnen jedoch herausstellt, dass sie selbst unter schwerwiegenden psychischen Störungen leiden, ist eine Weiterweisung an andere Therapeut*innen empfehlenswert. Denn wie generell in der Kindertherapie können Probleme der Eltern nur passager besprochen werden, da die Behandlung der Kinder im Zentrum der fachlichen Interventionen steht.

Mitunter ist aber auch der Einbezug von Geschwistern, Großeltern und anderen Verwandten sinnvoll. Dies gilt vor allem dann, wenn diese Personen den trans, bi- und homosexuellen Heranwachsenden sehr nahestehen und eine zentrale Position in der Familie einnehmen. Wichtig kann das gemeinsame Gespräch sein, wenn etwa Großeltern weit in die Betreuung und Erziehung des betreffenden Kindes einbezogen sind. Gemeinsame Sitzungen sind aber auch indiziert, wenn die Großeltern dem Kind gegenüber eine sehr ablehnende Haltung einnehmen und die

5.5 Einbezug von Eltern und anderen wichtigen Bezugspersonen

Eltern von Seiten ihrer Eltern unter Druck geraten. Manchmal reichen schon ein oder zwei Gespräche aus, in denen wir als Fachleute die Großeltern sachlich über Transgeschlechtlichkeit oder Homosexualität informieren.

Ähnlich ist es mit der Zusammenarbeit mit *Lehrer*innen und Leiter*innen von Sport- und Freizeitgruppen*, an denen die trans Jugendlichen teilnehmen. Ich führe solche Besprechungen nach vorgängiger Planung mit dem Kind und seinen Eltern etwa in Situationen durch, in denen es um wichtige Transitionsschritte (z. B. Wechsel des Vornamens) oder um Fragen des Verhaltens des Kindes in der Schule (Sportunterricht, Benutzung welcher Toiletten, Klassenfahrten etc.) geht.

Auch bei Schulübertritten hat es sich bewährt, im Vorfeld mit den neuen Lehrer*innen zu sprechen, z. B. über die Frage, ob das trans Kind beim Eintritt in die neue Klasse als Kind des gewünschten Geschlechts geführt und angesprochen wird. Oder ob die Kinder und Jugendlichen zunächst noch in dem ihnen ursprünglich zugewiesenen Geschlecht auftreten und dann zu einer späteren Zeit ihr Coming Out vornehmen wollen. Ich habe diesbezüglich verschiedene Varianten erlebt.

Nach meiner Erfahrung sollte in solchen Situationen der Wunsch des Kindes unbedingt Vorrang vor allen anderen Erwägungen haben. Das heißt nicht, dass die Eltern, die Lehrer*innen und auch ich nicht eigene Ideen beisteuern sollten. In den Einzelsitzungen mit den Jugendlichen kann ich die anderen, vielleicht von den Plänen der Jugendlichen abweichenden Ansichten genauer besprechen und damit das Ideenspektrum der Heranwachsenden erweitern. *Die letzte Entscheidung sollte aber stets bei den Jugendlichen selbst liegen.*

Der Einbezug von Lehrer*innen, Schulpsycholog*innen und Schulsozialarbeiter*innen ist natürlich auch dann indiziert, wenn die trans und gleichgeschlechtlich empfindenden Heranwachsenden Opfer von Bullying werden (▶ Kap. 2.4). Ich habe einige solche Situationen erlebt, in denen in dem gemeinsamen Gespräch beispielsweise der Kontakt zur Schulpsychologin hergestellt werden konnte und diese Fachperson ein wichtiges Bindeglied zwischen dem Kind, das regelmäßig mit ihr Gespräche führte, und den Lehrer*innen war.

Wenn es um junge Erwachsene geht, die bereits eine berufliche Tätigkeit ausüben, kann auch der Kontakt mit dem Arbeitgeber sinnvoll sein. Ich habe einige Male erlebt, dass bei trans Jugendlichen der/die Lehrmeister*in zwar bereit war, den Rollenwechsel zu unterstützen, sich aber hilflos fühlte, wie er/sie dies den anderen Mitarbeiter*innen vermitteln sollte. In einer gemeinsamen Sitzung haben dann der Jugendliche, sein*e Lehrmeister*in und ich das konkrete Vorgehen besprochen.

Ein Beispiel möge dies veranschaulichen: Eine junge trans Frau, die in einem technischen Betrieb mit zehn ausschließlich männlichen Mitarbeitern tätig war, hatte ihrem Lehrmeister mitgeteilt, dass sie in nächster Zukunft gerne den Rollenwechsel vornehmen wolle. Der Lehrmeister war zwar erstaunt über diesen Wunsch, weil er bisher nicht im Entferntesten an Transgeschlechtlichkeit gedacht hatte. Er war jedoch bereit, den Transitionsschritt zu unterstützen. Nur war ihm in keiner Weise klar, wie er das seinen Angestellten vermitteln sollte. Sein Vorschlag war deshalb, er würde gerne mit in eine der Therapiestunden der Jugendlichen kommen. Die Jugendliche war einverstanden, und wir vereinbarten ein gemeinsames Gespräch.

In dieser Sitzung schlug die Jugendliche vor, sie werde etwas über ihr bisheriges Leben und ihre Überzeugung, eine Frau zu sein, schreiben. Sie werde auch anbieten, für persönliche Gespräche bereit zu sein. Sie bat mich, ich solle einen kurzen Beitrag liefern, in dem ich aus fachlicher Sicht erklärte, was Transgeschlechtlichkeit ist. Der Lehrmeister nahm diesen Vorschlag begeistert und sichtlich erleichtert auf und schlug seinerseits vor, er werde diesem Schreiben einen Absatz hinzufügen, in dem er darauf hinweise, dass der Rollenwechsel der Jugendlichen in Absprache mit ihm erfolge und dass er von den Mitarbeitern erwarte, dass sie die trans Jugendliche in Zukunft mit ihrem weiblichen Namen anspräche und sie respektvoll behandelten.

Aufgrund ähnlicher Erfahrungen mit anderen trans Frauen schlug ich noch vor, dass die Jugendliche oben auf dem Schreiben ein Foto von sich als Frau einfüge. Dieses Vorgehen hatte sich bei anderen trans Frauen bewährt, da ein konkretes Bild »wilden« Fantasien der Mitarbeiter über das Aussehen der trans Frau den Boden entziehen würden. Oft stellen sich nämlich cis Männer vor, eine trans Frau komme in einem nachtclubmäßigen Outfit zur Arbeit. Das Erstaunen ist dann jeweils groß, wenn diese Männer anhand eines konkreten Fotos ihrer Mitarbeiterin sehen, dass sie »ganz normal« aussieht und so gekleidet ist wie cis Frauen auch.

Wir besprachen, auch dies war ein Vorschlag der Jugendlichen, dass der Lehrmeister dieses Schreiben am ersten Tag ihres zweiwöchigen Urlaubs an die Mitarbeiter verteilen lassen würde. Diese hätten dann zwei Wochen Zeit, sich an den Gedanken zu gewöhnen und darüber miteinander zu diskutieren, dass ihr Kollege nun als Kollegin erscheinen werde. Außerdem würde die junge trans Frau am ersten Arbeitstag nach ihrem Urlaub in einem vom Vorgesetzten anberaumten Treffen aller zehn Mitarbeiter noch einmal kurz etwas zu ihrer Situation sagen.

Der Vorgesetzte ging sehr erleichtert aus diesem gemeinsamen Gespräch und hat mir später mitgeteilt, dass die gemeinsame Sitzung für ihn eine große Erleichterung gebracht habe. Die Situation sei in genau der Art durchgeführt worden, wie wir sie besprochen hätten. Das Resultat sei große Akzeptanz der jungen trans Mitarbeiterin von Seiten ihrer Kollegen gewesen – was die Jugendliche selbst bestätigte.

5.6 Begleitung von Eltern, Verweis auf fachliche Hilfe für die Eltern

Auch wenn ich bereits im vorhergehenden Kapitel auf die Rolle der Eltern im Coming Out-Prozess der trans, bi- und homosexuellen Kinder und Jugendlichen eingegangen bin, soll hier noch einmal etwas genauer die Situation der Eltern und dessen, was sie brauchen, betrachtet werden.

Je jünger die Kinder sind, desto mehr sind sie auf die Unterstützung ihrer Eltern angewiesen. Mitunter wird durch die Konzentration der Professionellen auf die Kinder und Jugendlichen und ihre oft schwierige Situation allerdings übersehen, dass die *Eltern selbst häufig auch in Not* sind. Sie stehen – zumeist unvermittelt – vor der Tatsache, dass ihr Kind nicht so ist, wie sie es erwartet haben (▶ Kap. 2.1), und müssen sich mit ihren eigenen Sorgen, Ängsten und zum Teil auch mit Schuldgefühlen, die sie gegen sich selbst richten, auseinandersetzen. Aus diesem Grund brauchen auch die Eltern von trans, bi- und homosexuellen Kindern Unterstützung[4].

Wenn es beim Coming Out der Kinder Probleme, mitunter sogar heftige ablehnende Reaktionen gibt, steht dahinter nicht unbedingt eine prinzipielle homo- und transfeindliche Haltung der Eltern. Oft sind sie damit überfordert, wenn ihre Kinder, die sich schon lange Zeit, zum Teil jahrelang damit beschäftigen, ihnen eröffnen, sie seien lesbisch, schwul oder trans. Vor allem wenn die Eltern bisher noch nicht im Geringsten daran gedacht haben, ihr Kind könne »anders« sein, löst diese Mitteilung geradezu einen Schock bei ihnen aus. Vielfach wird in einem solchen Moment offenkundig, dass sie über die sexuellen Orientierungen und die Geschlechtsentwicklung nur mangelhaft oder gar nicht informiert sind.

Selbst Fachleute verwechseln mitunter Transidentität und Transvestitismus, und es gibt viele Menschen, die nicht wissen, was pansexuelle, asexuelle, ja nicht einmal, was bisexuelle Orientierungen sind. Das gleiche gilt für die Varianten der Transgeschlechtlichkeit, wenn es um nicht-binäre, gender-fluid, bigender und Transgenderentwicklungen geht. Es ist deshalb nicht verwunderlich, dass viele Eltern heillos überfordert sind, wenn ihr Kind sie unvermittelt damit konfrontiert, nicht-binär, trans oder pansexuell zu sein.

Dabei ist zu berücksichtigen, dass die Kinder sich im Allgemeinen lange Zeit, mitunter gar Jahre mit diesen Themen beschäftigt haben und in Anbetracht der heutigen digitalen Möglichkeiten meistens bestens informiert sind (▶ Kap. 4). Die Eltern hingegen erfahren in den ersten Coming Out-Gesprächen plötzlich von Orientierungen und Identitäten, die ihnen völlig fremd sind, und reagieren darauf unter Umständen mit Unverständnis und nicht selten auch mit Ablehnung.

---

4 aus diesem Grund habe ich die beiden Ratgeber für Eltern homosexueller und trans Kinder geschrieben: Rauchfleisch, 2012, 2019d

5.6 Begleitung von Eltern, Verweis auf fachliche Hilfe für die Eltern

Es ist in dieser Situation wichtig, dies den Kindern und Jugendlichen, die vielleicht sehr enttäuscht und verletzt auf die spontane Ablehnung ihrer Eltern reagieren, klar zu machen. Sie müssen ihren Eltern Zeit lassen, damit diese sich auch mit den Themen, die nun plötzlich im Zentrum der Familie stehen, auseinandersetzen können. Dass dies nicht nur ein kognitiver, sondern auch ein emotionaler Prozess ist, wissen die Jugendlichen eigentlich bestens aus eigener Erfahrung. Auch für sie hat das Wissen darum, trans, bi- oder homosexuell zu sein, nicht gereicht, um die eigene Orientierung oder Identität voll zu akzeptieren. Es ist in dieser Situation hilfreich, sie an ihre eigenen Erfahrungen zu erinnern.

Auf diese Weise können wir den Kindern und Jugendlichen in der therapeutischen Begleitung auch klar machen, dass hinter der anfänglichen Ablehnung nicht unbedingt eine trans- oder homosexualitätsfeindliche Haltung der Eltern steht. Die vielleicht sogar heftige negative erste Reaktion kann aus Hilflosigkeit, Angst, Schuldgefühlen und anderen Gründen erfolgen. Wie bei den Kindern und Jugendlichen selbst, geht es bei der Frage der Akzeptanz um ein *prozesshaftes Geschehen*, und es ist gut, Eltern und Kindern dies zu vermitteln, damit in der ersten Aufregung des Coming Out nicht Gräben zwischen ihnen aufgerissen werden, die sich später oft nur schwer wieder füllen lassen.

Wie schwirig es für Eltern sein kann, wenn sie etwa mit der Transgeschlechtlichkeit ihres Kindes konfrontiert sind, möge das folgende Beispiel[5] zeigen (Rauchfleisch, 2019d, S.85–90).

> Familie K. suchte mich mit ihrem achtjährigen Sohn David auf und bat um meine Einschätzung in der folgenden Situation: David habe sich spätestens seit dem vierten Lebensjahr »in einem extremen Maße für weibliche Dinge interessiert«. Wahrscheinlich habe das aber schon früher begonnen, nur hätten sie dem wohl keine besondere Beachtung geschenkt. David habe jegliches technische Spielzeug abgelehnt und stattdessen mit Puppen gespielt. Er habe sich auch unbe-

---

5 Aus: Udo Rauchfleisch, Anne wird Tom – Klaus wird Lara. Transidentität / Transsexualität verstehen © Patmos Verlag. Verlagsgruppe Patmos in der Schwabenverlag AG, Ostfildern, 3. Auflage 2019 www.verlagsgruppe-patmos.de

dingt wie ein Mädchen kleiden wollen und habe sich im wahrsten Sinne »mit Händen und Füssen gewehrt«, als die Mutter ihm die Haare habe schneiden wollen. »Alle Mädchen haben lange Haare« habe David empört geschrien und die Erklärung der Eltern, er sei doch ein Junge, nicht akzeptiert. Er habe sich so standhaft geweigert, sich die Haare schneiden zu lassen, dass Frau K. schließlich nachgegeben habe und sie ihm schulterlang habe wachsen lassen.

Beim Spielen schloss David sich ausnahmslos den Mädchen an. Dabei übernahm er stets die weibliche Rolle, beispielsweise als Mutter, als Verkäuferin oder als weibliches Baby, und weigerte sich mitzuspielen, wenn die anderen Kinder ihm im Spiel die männliche Rolle antrugen. Die Eltern beobachteten diese Entwicklung zwar mit einiger Besorgnis. Sie beruhigten sich jedoch, nicht zuletzt aufgrund der Meinung des Kinderarztes, dies sei in Davids Entwicklung eine Phase, die wieder vergehen werde. »Versuchen Sie sein Interesse an den Dingen zu wecken, die Jungen interessieren. Dann wird sich das schon geben. Vor allem fördern Sie auf keinen Fall die weibliche Identifikation«, hatte der Kinderarzt den Eltern geraten.

Die Orientierung an weiblichen Attributen und Tätigkeiten wurde jedoch nicht weniger, sondern verstärkte sich zunehmend. Als David in den Kindergarten kam, bestand er beispielsweise darauf, wie ein Mädchen angezogen zu werden, und teilte der Kindergärtnerin und den anderen Kindern bei der Frage nach seinem Namen mit, er heiße »Daniela«. Da David wie ein Mädchen aussah und er sich auch im Kindergarten stets den Mädchen anschloss, nannten ihn die meisten Kinder tatsächlich »Daniela«, obwohl die Kindergärtnerin konsequent »David« sagte.

Als im Alter von sieben Jahren der Eintritt in die Grundschule bevorstand, sahen die Eltern sich der schwierigen Situation gegenüber, dass David auch in der Schule als Mädchen auftreten wollte und von den Eltern forderte, sie sollten ihn dort nicht als »David«, sondern offiziell als »Daniela« anmelden. Gespräche mit der Kindergärtnerin, dem Kinderarzt und einer Psychologin vom schulpsychologischen Dienst brachten keine wirkliche Klärung. Während der Kinderarzt und die Kindergärtnerin die Ansicht vertraten, David solle auf keinen Fall als Mädchen in die Schule gehen, sondern dort unbedingt

5.6 Begleitung von Eltern, Verweis auf fachliche Hilfe für die Eltern

mit seinem männlichen Vornamen angemeldet und angesprochen werden, hielt die Schulpsychologin es für sinnvoll, Davids Wunsch zu folgen und ihn den anderen Kindern als »Daniela« vorzustellen.

In dem enormen Konflikt, in dem Davids Eltern sich zwischen den widerstreitenden Ansichten der Fachleute und Davids geradezu verzweifeltem Kampf darum, als Mädchen akzeptiert zu werden und leben zu dürfen, befanden, wendeten sie sich an mich und baten mich um Rat. Auch in der Konsultation bei mir vertrat David selbstbewusst die Ansicht, er sei ein Mädchen und wolle deshalb auch wie ein Mädchen aussehen. »Das ist doch selbstverständlich! Warum sehen meine Eltern das denn nicht ein?«, fragte er verzweifelt. Wir vereinbarten, dass ich David in Zukunft regelmäßig sehen würde und parallel dazu die Eltern beraten würde.

In den ersten Monaten der Begleitung standen vor allem die Fragen bezüglich der Einschulung im Raum: Würde David in der Schule als Junge oder als Mädchen auftreten? Sollten die Lehrer*innen vorgängig über seine Überzeugung, ein Mädchen zu sein, informiert werden? Wenn er in der Schule als Mädchen aufträte, würde er dann den anderen Kindern in seiner Klasse von Anfang an auch als Mädchen vorgestellt?

Wir kamen im Verlauf der Monate zum Schluss, zusammen mit der Schulleitung, dem potenziellen Klassenlehrer und der Schulpsychologin Gespräche zu führen, und entschieden dann gemeinsam, David als »Daniela« einzuschulen. Daniela, wie David inzwischen von seinen Eltern und auch von mir genannt wurde, war hochbeglückt, dass ihr Wunsch nun endlich erfüllt wurde.

Doch damit waren längst nicht alle Probleme gelöst. Als Erstes stellte sich die Frage, wie die Situation im Sportunterricht zu organisieren sei. »Daniela kann sich doch weder bei den Jungen noch bei den Mädchen umziehen und duschen«, klagte die Mutter in einem der Gespräche mit dem Klassenlehrer. »Sie würde es vehement ablehnen, im Umkleideraum mit den Jungen zu sein. Aber man kann es den Mädchen ja auch nicht zumuten, dass Daniela bei ihnen im Umkleideraum ist und mit ihnen zusammen duscht«. Die Eltern entschieden daraufhin zusammen mit dem Lehrer, Daniela zunächst vom Sportunterricht zu befreien.

> Ähnliche Probleme ergaben sich bezüglich der Benutzung der Toiletten, die im Schulgebäude nach Geschlechtern getrennt waren, und bei Klassenfahrten im Hinblick darauf, ob Daniela zusammen mit den Mädchen oder den Jungen schlafen solle. Bei diesen Fragen waren es in erster Linie die Eltern, die eine Beratung benötigten, während in dieser Phase nur gelegentliche Treffen mit Daniela notwendig waren. Später, beim Eintritt in die Pubertät, standen dann die Fragen einer Pubertätsblockade und danach die einer gegengeschlechtlichen hormonellen Behandlung und operativer Maßnahmen an.

Fragen über Fragen, mit denen die Eltern dieses trans Mädchens konfrontiert waren. Fragen, wie Eltern von cis Kindern sie in dieser Art und Brisanz nicht erleben. Dabei ist zu berücksichtigen, dass die geschilderte Situation insgesamt sehr positiv verlaufen ist, da die Eltern die Transgeschlechtlichkeit ihres Kindes akzeptieren konnten. Um wieviel schwieriger wird es hingegen, wenn die Eltern enorme Probleme mit der Akzeptanz der Transgeschlechtlichkeit ihres Kindes haben!

Dennoch zeigte sich auch bei den geschilderten Eltern, wie verwirrend und beunruhigend es immer wieder für sie war, wenn es galt, neue Entscheidungen zu treffen, die wesentlichen Einfluss auf die weitere Entwicklung ihres Kindes hatten. Besonders belastend kann es für Eltern werden, wenn sie sich mit widerstreitenden Meinungen selbst von Fachleuten konfrontiert sehen. In dieser schwierigen Situation ist es von zentraler Bedeutung für die ganze Familie, dass wir den Eltern eine Begleitung im Sinne eines Coachings, eines Empowerments (▶ Kap. 5.9) anbieten.

Wenn trans, bi- und homosexuelle Kindern sich haben überwinden können, sich den Eltern zu offenbaren, geraten sie oft in einen wahren *Coming Out-Rausch* und meinen, nun müssten sie diese Botschaft innerhalb kürzester Zeit allen Menschen ihrer Umgebung vermitteln. In dieser Situation gilt es, den Kindern und Jugendlichen klar zu machen, dass es sinnvoll ist, die Coming Out-Schritte in der Familie zu koordinieren und sich darüber abzusprechen.

In ihrer Begeisterung über das endlich gelungene Coming Out übersehen die Heranwachsenden oft, dass ihre *Eltern einen ähnlichen Coming Out-Prozess durchlaufen* müssen wie sie. So stehen die Eltern irgendwann

5.6 Begleitung von Eltern, Verweis auf fachliche Hilfe für die Eltern

vor der Notwendigkeit, ihren eigenen Eltern, ihren Geschwistern und auch den Menschen ihres Freundeskreises mitzuteilen, dass ihr Kind lesbisch, schwul oder trans ist. Dabei müssen sie damit rechnen, selbst mit kritischen Fragen oder, wie die oben geschilderte Familie, mit widersprüchlichen Ansichten konfrontiert zu werden.

Fragen dieser Art sind beispielsweise, ob nicht die Eltern in irgendeiner Weise »schuld« an der so verlaufenen Entwicklung ihrer Kinder seien. Dies ist eine Schuldzuweisung, die Mütter schwuler Söhne relativ häufig selbst gegen sich richten. Oder die Eltern sehen sich mit der Forderung konfrontiert, sie müssten dringend etwas gegen die sexuelle Orientierung oder die Geschlechtsentwicklung ihres Kindes tun. Wenn sie ihr Kind dann verteidigen, müssen sie unter Umständen mit dem Vorwurf rechnen, sie würden sich schuldig machen und würden in unverantwortlicher Weise ihren elterlichen Pflichten nicht nachkommen.

In dieser für die Eltern sehr belastenden Situation ist es wichtig, dass wir als Fachleute sie *sachlich informieren* und ungerechtfertigte Vorwürfe und Ansichten *korrigieren*. Dies ist nicht nur ein kognitiver, sondern auch ein emotionaler Prozess, für den die Eltern Zeit brauchen – dies müssen die Kinder und Jugendlichen berücksichtigen. Es ist wichtig, dass wir bei der Begleitung der Kinder auch den Eltern mit Rat und Tat zur Seite stehen.

Unter Umständen stellt sich im Rahmen der Auseinandersetzung der Eltern mit dem Thema Transgeschlechtlichkeit oder Homosexualität auch heraus, dass die Eltern eigene bis jetzt ungelöste emotionale Probleme mit sich tragen, die sich in den gelegentlichen Gesprächen mit ihnen nicht auflösen lassen. In diesem Fall ist es sinnvoll, sie *an Kolleg*innen zu überweisen*, damit die Eltern dort genügend Raum haben, um ihre persönlichen Probleme zu bearbeiten. Bei der Auswahl der Kolleg*innen ist indes darauf zu achten, dass es Therapeut*innen sind, die Erfahrung mit den Themen der sexuellen Orientierungen und der Geschlechtsentwicklung haben und frei von homo- oder transnegativen Haltungen sind. Anderenfalls würde die Therapie den Eltern keine Erleichterung bringen und ihnen keinen Raum für ihre eigene Entwicklung bieten, sondern sie noch mehr mit Scham- und Schuldgefühlen belasten.

Zu den Aufgaben, die wir als Therapeut*innen bei der Begleitung von trans, bi- und homosexuellen Kindern im Hinblick auf die Eltern zu erfüllen haben, gehört für mich auch die Information über *Selbsthilfeangebote für Eltern*. Für Eltern homosexueller Kinder ist dies in Deutschland der »Bundesverband der Eltern, Freunde und Angehörigen von Homosexuellen« (BEFAH), in der Schweiz die Gruppe »Freundinnen, Freunde und Eltern von Lesben und Schwulen« (FELS) und in Österreich sind es die »Gruppen von Eltern für Lesben und Schwule in Österreich« (Homosexuellen Initiative Wien).

Für Eltern und Angehörige von trans Kindern bietet das »Transgender Network Switzerland« (TGNS) eine Selbsthilfegruppe an. In Deutschland ist es die »Selbsthilfegruppe für Eltern und Familienangehörige von minderjährigen Trans*Kindern« (TRAKINE) und in Österreich ein Angebot der Beratungsstelle Courage (Selbsthilfegruppe für Angehörige trans*identer Personen).

Diese Vereinigungen mit ihren verschiedenen lokalen Gruppen bieten den Eltern und anderen Angehörigen die Möglichkeit, sich über ihre Erfahrungen auszutauschen und sich gegenseitig mit Rat und Tat zur Seite zu stehen. Hier finden die Eltern Ansprechpartner*innen, die ähnliche Prozesse durchlaufen haben und bei denen sie deshalb Verständnis finden, wenn sie anfangs vielleicht mit ihrem Schicksal hadern, enttäuscht und verzweifelt sind.

Auch wenn manche Eltern sich anfangs keine große Hilfe von der Teilnahme an solchen Selbsthilfegruppen versprechen, stellen die meisten doch schon nach kurzer Zeit fest, dass es ihnen gut tut, sich im Kreis von anderen Menschen, die ähnliches erlebt haben wie sie, frei äußern zu können. Aus diesem Grund weise ich in allen Begleitungen von trans-, bi- und homosexuellen Kindern und Jugendlichen die Eltern auf die Möglichkeit der Teilnahme an Selbsthilfegruppen hin.

Manche Eltern und Angehörige zögern längere Zeit, bis sie den Schritt auf eine solche Gruppe zu wagen. Andere sind dankbar für diesen Hinweis und ergreifen in ihrem ersten Schock schnell diese Möglichkeit. Je nach der familiären und persönlichen Situation nehmen die Eltern mehr oder weniger lange Zeit an diesen Gruppen teil. Einige Eltern engagieren sich schließlich in der Arbeit der Selbsthilfegruppen und werden zu Aktivist*innen im Kampf für die Rechte von LGBTIQ*-Menschen.

Die Selbsthilfegruppen und die dahinterstehenden LGBTIQ*-Organisationen sind aber nicht nur eine Hilfe für die Eltern und Angehörigen von trans, bi- und homosexuellen Kindern. Wann immer ich Fragen zu rechtlichen Problemen und anderen speziellen Situationen habe, wende ich mich an diese Vereinigungen und erhalte von ihnen stets fundierte Auskünfte. Es erscheint mir wichtig, dass wir als Fachleute eine enge Beziehung zu den LGBTIQ*-Organisationen pflegen. Dies kommt nach meiner Erfahrung beiden Teilen zugute.

Durch solche Kontakte lässt sich auch vermeiden, dass die LGBTIQ*-Vereinigungen und wir gegenseitig Feindbilder voneinander aufbauen. Die Leidtragenden einer feindseligen Haltung der einen oder anderen Seite sind in erster Linie unsere Klient*innen. Sie geraten durch die dadurch entstehenden Spannungen in Loyalitätskonflikte, wenn sie auf der einen Seite an Selbsthilfegruppen und anderen Aktivitäten der LGBTIQ*-Vereinigungen teilnehmen, und andererseits von uns therapeutisch begleitet werden. Schon aus diesem Grund ist es sinnvoll, partnerschaftliche Kontakte mit den LGBTIQ*-Organisationen zu pflegen. Zudem können wir von den zum Teil hochspezialisierten Mitgliedern der LGBTIQ*-Vereinigungen sehr viel lernen.

Zudem sind wir bei der Begleitung von Kindern und Jugendlichen, aber auch bei der Begleitung von Erwachsenen, immer auf die Unterstützung anderer Menschen, so auch auf die der Trans- und Homosexuellenvereinigungen angewiesen (Sauer & Meyer, 2019). Wenn die Selbsthilfegruppen die Eltern dieser Kinder stärken und beraten, so kommt das den Kindern direkt zugute und unterstützt unsere therapeutische Begleitung.

5.7 Vermittlung von LGBTIQ*-Gruppen

In der therapeutischen Arbeit mit cis heterosexuellen Kindern und Jugendlichen interessiert es uns selbstverständlich auch, wie sie ihre Freizeit gestalten und an welchen Sport- und Freizeitgruppen sie teilnehmen. Diesen Fragen kommt indes bei der Begleitung von trans, bi- und homosexuellen Kindern und Jugendlichen eine ungleich größere Bedeutung zu. Zum einen sind cis heterosexuelle Jugendliche im Allgemeinen gut über die Möglichkeiten informiert, welche Gruppen es gibt und wo sie sie finden können. Zum anderen werden sie dabei durch ihre Peers unterstützt, die ebenfalls an diesen Gruppen teilnehmen.

Anders ist es für trans und homosexuelle Jugendliche. Spezifische ihrer sexuellen Orientierung und Identität entsprechende Angebote bestehen in geringerer Zahl, und die Schwelle zu diesen Gruppen ist, je nach Stand des Coming Out, recht hoch. Viele Jugendliche informieren sich zwar über das Internet und in den Trans- und Gay-Chats, welche Gruppen es gibt. Es ist aber für die meisten noch ein enormer Schritt, der viel Mut braucht, dann tatsächlich eine dieser Gruppen aufzusuchen.

In dieser Situation ist es nach meiner Erfahrung ein wichtiges Anliegen in der therapeutischen Begleitung solcher Jugendlichen, sie auf LGBTIQ*-Gruppen hinzuweisen und mit ihnen zu diskutieren, was ihnen eine Teilnahme daran bringen könnte, aber auch weshalb sie diese Gruppen vielleicht lieber meiden möchten. Immer wieder erlebe ich, dass trans und homosexuelle Kinder und Jugendliche zwar begeistert reagieren, wenn ich ihnen erzähle, dass es in Basel die Gruppe »anyway« gibt, in der sich LGBTIQ*-Kinder und Jugendliche zweimal im Monat treffen. Wenn es jedoch um die konkrete Teilnahme geht, tauchen plötzlich alle möglichen Hinderungsgründe auf.

So hatte mir ein 15jähriger schwuler Junge mit großem Interesse zugehört, als ich ihm von der Gruppe »anyway« berichtete. Er hatte einige Male nachgefragt, wo und wann sich die Gruppe treffe und wer daran teilnehme, und hatte am Ende gemeint, er werde auf jeden Fall zum nächsten Termin gehen. Als ich bei unserem nächsten Treffen fragte, wie es bei anyway gewesen sei, reagierte der Jugendliche ausweichend: er sei noch nicht dazu gekommen, dorthin zu gehen. Er habe sehr viele Aufgaben für die Schule erledigen müssen. Aber zum nächsten Termin in 14 Tagen werde er »auf jeden Fall« gehen.

Aber auch zum nächsten Treffen von anyway ging der Jugendliche nicht. Wieder führte er Gründe an, warum dies nicht möglich gewesen sei. Ich habe ihm daraufhin gesagt, dass er selbstverständlich nicht mir zu Liebe an den Treffen von anyway teilnehmen müsse. Ich hätte allerdings den Eindruck, ihm könnte es gut tun, ab und zu Zeit mit anderen trans und homosexuellen Kindern und Jugendlichen zu verbringen. Der Jugendliche stimmte mir zu, räumte nun aber ein, dass er Hemmungen habe, dorthin zu gehen: »Ich weiß schon, dass da alle Jugendlichen so ähnlich sind wie ich. Das habe ich im Internet gesehen. Aber wenn ich auf dem Weg dahin zufällig jemandem aus meiner Klasse begegne, wäre das die Hölle für mich. Ich will mich noch nicht vor den Kollegen aus meiner Klasse outen!«

Es war ein glücklicher Umstand, dass der Jugendliche in einem schwulen Jugendchat mit einem anderen Jugendlichen, der auch in Basel lebte, in Kontakt kam. Die beiden beschlossen, zusammen zu einem der nächsten Treffen von anyway zu gehen. Auf diese Weise konnten sie die Ängste, die beide vor diesem Schritt hatten, zusammen überwinden. Denn im Grunde war die Teilnahme an dem anyway-Treffen ein Schritt im Coming Out des von mir begleiteten Jugendlichen. Wie wir in weiteren Gesprächen klärten, hatte ihn zunächst nicht nur die Angst, er könne Schulkolleg*innen treffen, davon abgehalten, zu einem Treffen zu gehen. Das Hingehen war auch für sein Selbstverständnis und die Selbstakzeptanz seiner Homosexualität ein entscheidender Schritt. Dass er dies zusammen mit einem anderen schwulen Jugendlichen tun konnte, erleichterte ihm diesen Schritt sehr.

Es war beeindruckend für mich, mit dem Jugendlichen nach seinem ersten Besuch der anyway-Treffen darüber zu sprechen. Geradezu begeistert erzählte er mir, wie interessant es für ihn gewesen sei, dort andere Kinder und Jugendliche zu treffen, die trans und homosexuell seien. Er habe sich im Kreis der anderen Jugendlichen »unheimlich gut« gefühlt. »Da war jeder voll akzeptiert, egal welche sexuelle Orientierung man hatte oder ob man trans* war, auch nichtbinäre Jugendliche waren da. Alles war so selbstverständlich wie ich es bis jetzt noch nie erlebt habe«.

Ein kritisches Argument, das bei der Teilnahme von Jugendlichen und Erwachsenen an trans- und homosexualitätsspezifischen Veranstaltungen und Aktivitäten immer wieder auftaucht, ist das, diese Gruppen seien letztlich ein *selbst gewähltes Ghetto* und würden einen Graben zwischen der cis heterosexuellen und der trans homosexuellen Welt aufreißen. Gerade dies tue Kindern und Jugendlichen nicht gut, da sie doch in einer vorwiegend cis heterosexuellen Welt lebten und sich nicht aus dieser ausklinken dürften.

Ein solches Argument mag einleuchtend erscheinen. Es trifft jedoch die Situation von trans und homosexuellen Menschen nicht. Cis Heterosexuelle bewegen sich 24 Stunden am Tag während sieben Tagen der Woche unter cis heterosexuellen Menschen. Dies hat einen wesentlichen Einfluss auf ihre Identitätsentwicklung, indem sie spüren, inwiefern sie anderen cis Heterosexuellen ähnlich sind und inwiefern sie sich von ihnen unterscheiden.

Trans und homosexuelle Menschen bewegen sich ebenfalls vorwiegend unter cis Heterosexuellen. Deshalb ist es für ihre Identitätsentwicklung wichtig, dass es auch für sie Zeiten und Orte gibt, wo sie »unter sich« sind. Auch sie müssen erfahren, inwiefern sie anderen trans Menschen bzw. anderen Lesben, Schwulen und Bisexuellen ähnlich sind und inwiefern sie sich von ihnen unterscheiden. Um diese Entwicklungsprozesse zu durchlaufen, sind LGBTIQ*-Anlässe und Gruppen wichtig. Wir können deshalb nicht von einem »selbstgewählten Ghetto« sprechen. Die trans und die schwul-lesbischen Freizeitaktivitäten und Gruppen haben vielmehr eine wichtige *identitätsstiftende Funktion*.

Hinzu kommt, dass in diesen trans und homosexuellen Gruppen Freundschaften entstehen und gepflegt werden können. Es ist kein Zufall und keine euphemistische Übertreibung, wenn in diesem Zusammenhang immer wieder von der »family« und der »community« gesprochen wird. In Anbetracht der Ablehnung, die viele trans, bi- und homosexuelle Menschen in unserer Gesellschaft erfahren, ist es für sie eminent wichtig, einen Kreis von »Gleichgesinnten« (Prüll, 2016) zu haben, der für sie tatsächlich so etwas wie eine Familie ist. Gerade weil die Beziehungen zu Familienangehörigen und cis heterosexuellen Peers mitunter schwierig und konfliktbeladen sind, ist es von großer Bedeutung für die trans und homosexuellen Jugendlichen, eine Bezugsgruppe zu haben, in der sich völlig frei bewegen und äußern können und volle Akzeptanz genießen[6].

---

6 zur Bedeutung der Freundschaft im Leben von homosexuellen Menschen s. auch White, E. (1996).

5.8 Unterstützung von trans Kindern und Jugendlichen bei medizinischen und juristischen Schritten

5.8.1 Medizinische Behandlungen

Dieses Kapitel betrifft Kinder und Jugendliche mit Transgeschlechtlichkeit, in deren Transition die Änderung des Vornamens und des Personenstandes sowie die Einleitung einer hormonellen Behandlung und die Durchführung chirurgischer Maßnahmen eine große Rolle spielen.

Eine der wichtigsten Fragen in diesem Zusammenhang ist die nach *somatischen Behandlungen* im Kindes- und Jugendalter. Fachleute ebenso wie Eltern und auch die Kinder und Jugendlichen selbst befinden sich im Grunde in einem Dilemma: Beginnt man »zu früh« mit somatischen Behandlungen, so besteht die Gefahr einer größeren Zahl von späteren Erwachsenen, die diesen Schritt unter Umständen bereuen. Beginnt man hingegen »zu spät« damit, so setzt man die Jugendlichen und jungen Erwachsenen enormen Belastungen aus, wodurch sich die Rate von Suizidalität erhöht und die spätere Entwicklung sich drastisch verschlechtern kann.

Die Situation wird dadurch noch brisanter, dass nach den uns vorliegenden Untersuchungen bei einem nicht geringen Anteil von Kindern der Wunsch, in der Rolle des anderen Geschlechts zu leben und unter Umständen auch den Körper an das gewünschte Geschlecht anpassen zu lassen, nicht von Dauer ist. Hinsichtlich der Höhe des Anteils der Kinder und Jugendlichen mit *Persistenz* differieren allerdings die von verschiedenen Behandlungszentren ermittelten Zahlen. So berichten die einen (Wallien & Cohen-Kettenis, 2008), dass von den zugewiesenen Jungen ca. 20 % und von den zugewiesenen Mädchen ca. 50 % eine Persistenz der Transidentität bis ins Erwachsenenalter zeigten. 50 % der Jungen und 25 % der Mädchen ohne Persistenz wiesen später eine homosexuelle Orientierung ohne Transidentität auf. In einer Metaanalyse verschiedener prospektiver Studien berichten andere Autor*innen (Steensma et al., 2011) von Persistenzraten von durchschnittlich 15,8 % (die Werte schwanken zwischen 2 % und 27 %).

Derartige Resultate lassen Zweifel daran entstehen, ob bereits im Kindesalter mit hormonellen Behandlungen begonnen werden sollte. Tatsächlich geschieht dies auch nicht in Form einer Applikation von gegengeschlechtlichen Hormonen. Weil sich in den Studien der verschiedenen Zentren übereinstimmend gezeigt hat, dass es im Alter zwischen 12 und 15/16 Jahren zu den zitierten Änderungen in der Ansicht, trans zu sein, kommt, lauten die Empfehlungen der Fachleute, mit der gegengeschlechtlichen Hormontherapie erst um das 16. Lebensjahr herum zu beginnen (Hembree et al., 2017; Pauli, 2018; Preuss, 2016).

Zugleich belegen die erwähnten Studien – und die Erfahrungen von Fachleuten (Preuss, 2016) bestätigen dies –, dass das Durchlaufen der regulären Pubertät für die Gruppe der persistierenden trans Kinder eine enorme Belastung darstellt. Dies ist auch eine von mir immer wieder gemachte Beobachtung. Hinzu kommen die Berichte erwachsener trans Personen, die uns eindrücklich schildern, wie sehr sie in der Pubertät unter dem Beginn der körperlichen Veränderungen (Menarche, Brustwachstum, Stimmbruch, Bartwuchs etc.) gelitten haben (Rauchfleisch, 2016; von den gleichen Beobachtungen berichtet auch Preuss, 2016). Zudem kommt es in dieser Zeit zu körperlichen Veränderungen, die später nicht mehr rückgängig gemacht werden können und das spätere »passing« (die Anpassung an die gewünschte soziale Rolle) erheblich erschweren, so etwa der Stimmbruch der Jungen.

In Anbetracht dieser Situation müssen wir die Befunde der zitierten Studien über Persistenz und Desistenz der Transidentität noch einmal kritischer reflektieren und uns fragen, ob diejenigen Jugendlichen, die sich im Alter von 15 oder 16 Jahren von der Vorstellung, trans zu sein, distanziert hatten, tatsächlich lebenslang dieser Ansicht geblieben sind. Aus den Berichten erwachsener trans Personen erfahren wir fast regelhaft (Rauchfleisch, 2016, 2019a), dass es in ihrem Leben immer wieder Phasen gegeben hat, in denen sie sich geradezu verzweifelt bemüht haben, die Rolle des ihnen bei Geburt zugewiesenen Geschlechts einzunehmen. Diese Versuche seien indes von schweren Depressionen, Suizidalität und tiefer Verzweiflung begleitet gewesen und sie hätten dabei unter dem Eindruck gestanden, sich zu »verkleiden«, wenn sie die von ihnen geforderte Geschlechtsrolle »gespielt« hätten.

Nach etlichen solcher verzweifelten Versuche seien sie schließlich an den Punkt gekommen, an dem sie sich hätten eingestehen müssen, dass es für sie nur einen einzigen Weg gebe, nämlich ihre Transgeschlechtlichkeit zu akzeptieren und ihrer Identität entsprechend zu leben. Vor diesem Hintergrund überzeugen mich die oben zitierten Studienresultate nicht völlig. Ich gehe davon aus, dass es unter den Desistern, die sich im Jugendalter vom Transsein distanziert haben, eine nicht geringe Zahl gibt, die im späteren Leben zur Einsicht gelangt sind, dass sie doch trans sind und den Weg ihrer Transition gehen müssen, um nicht länger an sich selbst vorbei zu leben.

Glücklicherweise sehen Kinder, Eltern und Fachleute sich heute nicht vor die Wahl gestellt zu entscheiden: *entweder* hormonelle Behandlung *oder* Durchlaufen der Pubertät. Mithilfe einer *Pubertätsblockade* besteht die Möglichkeit, den Kindern die in der Pubertät einsetzenden körperlichen Veränderungen zu ersparen und Zeit für eine definitive Entscheidung über geschlechtsangleichende Maßnahmen zu gewinnen. Ein wichtiges Kriterien für eine über die Zeit hin stabile Transgeschlechtlichkeit ist eine tief empfundene Überzeugung der Kinder und Jugendlichen, trans zu sein, was sich beispielsweise darin zeigt, dass sie von sich sagen, sie *seien* ein Mädchen bzw. ein Junge, und nicht sagen, sie wollten ein Mädchen oder ein Junge *werden* (Preuss, 2016, S. 222), eine Beobachtung, die ich auch immer wieder mache. Ferner nimmt bei den Persistern das Leiden an dem Auseinanderklaffen ihres Körpers und ihrer inneren Überzeugung während der Pubertät deutlich zu, und sie verwenden zumeist im Freundes-, mitunter auch im Familienkreis bereits einen neuen Namen.

Die Pubertätsblockade erfolgt mit monatlichen Gaben von Gonadotropin-Analoga (GnRH-Analoga) ab dem Pubertätsstadium nach Tanner 2 bis 3 und kann während mehrerer Monate bis Jahre durchgeführt werden. Die Blockade ist *reversibel*. Das heißt: nach dem Absetzen der GnRH-Analoga, nach internationalen Empfehlungen der Endokrinolog*innen mit etwa 16 Jahren, kommen alle hormonellen Funktionen, die unterdrückt worden sind, allmählich wieder in Gang.

Die Vorteile der Pubertätsblockade sind eine wesentlich höhere Lebenszufriedenheit, eine bessere psychosoziale Integration und deutlich weniger psychopathologische Symptome (de Vries et al., 2014; Pauli,

2018) der mit einer Pubertätsblockade behandelten Kinder und Jugendlichen. Die Behandlung muss von Fachleuten der Endokrinologie mit speziellen Erfahrungen in der Hormontherapie von Kindern durchgeführt werden (Hembree et al. 2017). Für die trans Jungen stellt die Pubertätsblockade eine enorme Erleichterung dar, da die monatliche Menstruation dadurch gestoppt wird und das Brustwachstum nicht weiter voranschreitet. Die trans Mädchen empfinden es als sehr hilfreich, dass sie keinen Stimmbruch durchmachen und der Bartwuchs gestoppt wird. Auch in dieser Phase ist die psychotherapeutische Begleitung der Kinder und Jugendlichen von großer Bedeutung (Preuss, 2016, S. 196–202).

Der nächste somatische Transitionsschritt ist dann bei Persistenz der Transgeschlechtlichkeit gegen das 16. Lebensjahr der Beginn *der Behandlung mit gegengeschlechtlichen Hormonen*. Im Allgemeinen fiebern die Jugendlichen diesem Beginn entgegen, zumal in diesem Alter nach erfolgter sozialer Transition, d. h. die trans Jungen leben in der Jungenrolle und die trans Mädchen in der Mädchenrolle, die Kluft zwischen ihnen und ihren cis Peers deutlich größer zu werden beginnt. So haben die meisten cis Jungen in diesem Alter bereits einen Stimmbruch durchgemacht und der Bartwuchs hat begonnen, während die trans Jungen noch mit ihrer hohen Stimme sprechen und bei ihnen noch nichts von einem Bartwuchs zu sehen ist. Bei den trans Mädchen hat im Gegensatz zu ihren cis Peers noch kein Brustwachstum stattgefunden.

In dieser Phase ihrer Transition werden die Jugendlichen zwar ausführlich von den Vertreter*innen der Endokrinologie über das weitere Vorgehen, über die zu erwartenden Veränderungen und auch über die Irreversibilität mancher dieser Veränderungen informiert. Ich halte es jedoch auch für eine Aufgabe der Psychotherapeut*innen, in ihren Begleitungen mit den Jugendlichen über diese Fragen zu sprechen, da sie durch die Zeit der Begleitung im Allgemeinen den engsten Kontakt zu den Jugendlichen haben.

Zu den Themen, die in der Zeit vor der Behandlung mit gegengeschlechtlichen Hormonen anstehen, gehört auch die Frage, ob die trans Mädchen *Sperma* und die trans Jungen *Eizellen einfrieren* lassen wollen (van Trotsenburg, 2020). Falls auch nur entfernt ein Kinderwunsch besteht, rate ich den Jugendlichen dazu. Es ist indes notwendig, dass die Frage des Einfrierens von Sperma und Eizellen entschieden wird, bevor die Behandlung mit gegengeschlechtlichen Hormonen beginnt, weil es sonst zu Keimschädigungen kommen kann.

Da die trans Jugendlichen unter Pubertätsblockade mit 15 bzw. 16 Jahren erheblich von den gleichaltrigen cis Jungen bzw. Mädchen abweichen, ist mit 16 Jahren bei den Jugendlichen, deren Transgeschlechtlichkeit nach wie vor besteht, die Zeit gekommen, die gegengeschlechtliche Hormonbehandlung zu beginnen. Auch diese Behandlung muss von Endokrinolog*innen durchgeführt und überwacht werden, die Erfahrungen mit trans Kindern und Jugendlichen haben. In der psychotherapeutischen Begleitung spielen nun die Selbst- und Fremdwahrnehmung des Körpers und seiner Funktionen eine zentrale Rolle.

Es ist berührend mitzuerleben, wie erleichtert und glücklich diese Jugendlichen sind, wenn sie endlich die so lange ersehnten Veränderungen ihres Körpers wahrnehmen. Immer wieder erlebe ich, dass Jugendliche, die in früheren Phasen der Begleitung mitunter wortkarg und oft auch bedrückt und missgestimmt waren, nun völlig entspannt sind und mir strahlend von den körperlichen Veränderungen, die sie an sich beobachten, berichten.

Diese Veränderung im Befinden und Verhalten fiel mir besonders bei einem Jugendlichen auf, der in den gut zwei Jahren der Begleitung durch mich vor Beginn der Pubertätsblockade meist eher einsilbige Antworten auf meine Fragen gab, oft dysphorisch wirkte und beim Vereinbaren der nächsten Sitzungen darauf bedacht war, den üblichen vierzehntägigen Abstand möglichst noch weiter auszudehnen.

Schon mit dem Beginn der Pubertätsblockade veränderten sich sein Befinden und Verhalten. Es gab keine Diskussionen mehr um den vierzehntägigen Abstand der Sitzungen, er berichtete mir mit spürbarem Engagement von seinen Erfahrungen in der Schule und im Freundeskreis und erschien wesentlich weniger dysphorisch. Nachdem er zwei Jahre GnRH-Analoga erhalten hatte, war sein großer Wunsch, nun im Alter von 16 Jahren mit der Testosteron-Behandlung beginnen zu dürfen. In Absprache mit dem Endokrinologen und den Eltern des Jugendlichen begann die Applikation von Testosteron.

Es war beeindruckend für mich, nun eine nochmalige Veränderung im Befinden und Verhalten dieses Jugendlichen zu erleben. Mit großer Spannung beobachtete er den beginnenden Stimmbruch und das Sprießen der ersten Barthaare und zeigte mir in den Sitzungen die »Fortschritte«, die er mache. Mit sichtbarem Stolz genoss er es, als ich einmal im Sommer, als er in kurzen Hosen kam, auf seine jetzt dunkelbehaarten Beine wies. Er berichtete nun in einem wahren Redeschwall von den positiven Erfahrungen, die er in dieser Transitionsphase machte, und schlug vor, dass wir uns doch am besten in wöchentlichen Abständen träfen. »Es gibt so viel zu berichten«, fand er, »das bringe ich gar nicht alles in eine Stunde hinein. Dann geht es viel zu lange, wenn wir uns erst wieder in vierzehn Tagen treffen«.

Derartige Veränderungen sehe ich regelmäßig bei den von mir begleiteten trans Jugendlichen. Daran zeigt sich, dass die Pubertätsblockade und die anschließende Behandlung mit gegengeschlechtlichen Hormonen einen enormen Druck von den Jugendlichen nehmen. Abgesehen von den Veränderungen der Stimmung verschwinden nach meiner Erfahrung in dieser Zeit auch die vorher unter Umständen bestehenden selbstverletzenden Verhaltensweisen und die suizidalen Impulse.

Die nächsten somatischen Transitionsschritte sind solche *chirurgischer Art*: Brustaufbau und genitalangleichende Operationen bei den trans Mädchen und Mastektomie sowie Hysterektomie und Adnektomie bei den trans Jungen. In einer im Februar 2020 veröffentlichten Ad-hoc-Empfehlung zu Trans-Identität bei Kindern und Jugendlichen hat der Deutsche Ethikrat (2020) darauf hingewiesen, dass das allgemeine Persönlichkeitsrecht auch das Recht umfasse, »ein Leben entsprechend der eigenen, subjektiv empfundenen geschlechtlichen Identität zu führen und in dieser Identität anerkannt zu werden«. Deshalb müsse das Kind bei allen Entscheidungen gehört werden und seine Vorstellungen und Wünsche müssten maßgeblich berücksichtigt werden.

Viele Jugendliche entscheiden sich, die chirurgischen Angleichungen schrittweise vorzunehmen. Den trans Jungen ist im Allgemeinen vor allem die Mastektomie wichtig. Wenn es bereits zur Brustbildung gekommen ist, haben sie die Brüste in der Regel abgebunden und möchten nun sobald wie möglich die Mastektomie vornehmen lassen. Dadurch gewinnen sie endlich auch wieder die Möglichkeit schwimmen zu gehen und sich in der Schule und in Sportvereinen zwangloser bewegen zu können. Ob sie eine Hysterektomie und Adnektomie durchführen lassen, überlegen sich etliche von ihnen dann noch während einiger Zeit.

Genitale Angleichungen in Form eines Penoidaufbaus sind bei trans Jungen und jungen Erwachsenen meist mit etlichen somatischen Problemen verbunden. Viele Jugendliche verzichten deshalb mindestens zunächst auf diese Maßnahmen. In den vergangenen Jahren sind auch Penis-Hoden-Epithesen entwickelt worden, die optisch überzeugend sind und risikoreiche operative Eingriffe unnötig machen.

Bei diesen Fragen sind zwar in erster Linie Beratungen durch die Vertreter*innen der Plastischen Chirurgie und die Hersteller von Penis-Hoden-Epithesen notwendig. Aber auch im Hinblick auf diese Themen ist es wichtig, dass sie zum Gegenstand der psychotherapeutischen Begleitung werden. Denn es geht dabei ja nicht nur um die somatischen Veränderungen, sondern immer auch um die Frage, mit wem und wie die Jugendlichen Sexualität leben wollen.

Für die Bewilligung einer Kostengutsprache der Krankenkassen für die verschiedenen somatischen Maßnahmen sind *gutachterliche Stellungnahmen* notwendig. Die Bedingungen hängen von den Krankenkassenrichtlinien der verschiedenen Länder ab. Hier zeigt sich deutlich die große Fremdbestimmung, der trans Menschen unterworfen sind. Zum Teil erfahren die Jugendlichen und jungen Erwachsenen in diesem Prozess durch die Kostenträger und in Deutschland durch den involvierten Medizinischen Dienst der Krankenversicherung (MDK) erhebliche Diskriminierungen mit traumatischen Folgen (Appenroth & Do Mar Castro Varela, 2019; Neander, 2019).

Im Unterschied zu Gutachten, die im forensischen Bereich oder bei Versicherungsfällen ersttatet werden, sehe ich bei solchen Stellungnahmen für trans Personen kein Problem darin, beide Rollen, die des Gutachters ebenso wie die des Therapeuten, einzunehmen. Wie weiter oben ausgeführt (▶ Kap. 2.3 und ▶ Kap. 2.4), ist »Transsexualismus« oder

»Genderdysphorie« keine Diagnose, die eine außenstehende Person stellen kann. Im Grunde ist es immer eine *Selbstdiagnose*. Aus diesem Grund kann ich als Psychologe, der eine psychologisch-fachliche Stellungnahme abgibt, letztlich nur das mitteilen, was ein*e Klient*in mir berichtet. Insofern ist es kein Gutachten im engeren Sinne. Deshalb ist es auch möglich, gleichzeitig Therapeut und Verfasser einer fachlichen Stellungnahme zu sein.

5.8.2 Juristische Schritte

Parallel zu den somatischen Transitionsmaßnahmen möchten viele trans Kinder und Jugendliche auch juristische Schritte unternehmen, indem sie den Vornamen und den Personenstand ändern.

Die verschiedenen Länder haben in dieser Hinsicht unterschiedliche rechtliche Bedingungen. Allgemein gilt aber, dass bereits Kinder das Recht haben, eine Änderung des Vornamens zu beantragen. Dies entspricht auch der zitierten Pressemitteilung des Deutschen Ethikrats (2020), der darauf hinweist, dass die Vorstellungen und Wünsche des Kindes zu berücksichtigen sind.

Unter den juristischen Maßnahmen ist vor allem die Änderung des Vornamens ein wichtiger Schritt. Für Kinder und Jugendliche, die bereits im gewünschten Geschlecht leben und im Familien- und Freundeskreis einen neuen Namen führen, ist es außerordentlich verletzend, wenn sie offiziell immer noch mit dem bisherigen gesetzlichen Namen angesprochen werden und er noch auf allen amtlichen Dokumenten geführt wird.

Zu Konflikten und peinlichen Situationen kann es beispielsweise an Postschaltern beim Abholen von Einschreibesendungen, in der Bahn beim Vorweisen von Abonnementen, am Flugschalter, bei Grenzübertritten oder in anderen Situationen kommen, wenn die Jugendlichen ihren amtlichen Ausweis vorlegen müssen, der noch auf den alten Namen ausgestellt ist, aber in keiner Weise mehr dem Erscheinungsbild der Jugendlichen entspricht.

Bevor die offizielle Änderung des Vornamens und des Personenstandes erfolgt, gebe ich den Jugendlichen, falls sie dies wünschen, eine schriftliche Bestätigung, aus der hervorgeht, dass bei ihnen eine Transgeschlechtlichkeit besteht und sie sich in einem Transitionsprozess befinden, in dem sie in der Rolle des angestrebten Geschlechts leben und auftreten sollen[7].

In Deutschland, Österreich und der Schweiz müssen den Gesuchen um Änderungen des Vornamens und des Personenstandes gutachterliche Stellungnahmen beigelegt werden, in denen Antworten zu den folgenden Fragen gegeben werden müssen (hier im Wortlaut des deutschen Transsexuellengesetzes):

- ob der Antragsteller sich aufgrund seiner transsexuellen Prägung nicht mehr dem im Geburtseintrag angegebenen, sondern dem anderen Geschlecht zugehörig fühlt,
- ob der Antragsteller seit mindestens drei Jahren unter dem Zwang steht, seinen Vorstellungen entsprechend zu leben,
- ob sich nach den Erkenntnissen der medizinischen Wissenschaft das Zugehörigkeitsempfinden des Antragstellers mit hoher Wahrscheinlichkeit nicht mehr ändern wird.

Es sei hier angemerkt, dass dieses Gesetz schon längst hätte verändert oder besser sogar ganz abgeschafft werden müssen, da die Begriffe »transsexuelle Prägung« und »unter dem Zwang stehen…« aus fachlicher Sicht unhaltbar sind und einen diskriminierenden Charakter haben. Es ist anzustreben, dass Menschen mit Transgeschlechtlichkeit ohne irgendein Gutachten oder eine andere fachliche Stellungnahme die Änderung ihres Vornamens und ihres Personenstandes beantragen können. Damit wäre zumindest ein wesentlicher Teil der extremen Fremdbestimmung, denen trans Menschen ausgesetzt sind, eliminiert (Rauchfleisch, 2016, S. 206; Rauchfleisch, 2019a, S. 69).

Wie bei den Stellungnahmen zu Händen der Krankenkassen wegen der Kostengutsprachen für die operativen Angleichungen ist es auch bei den Berichten an die Zivilgerichte sinnvoll, wenn die den Transitionsprozess begleitenden Therapeut*innen diese Stellungnahmen verfassen. Auch in diesem Fall sehe ich aus den oben erwähnten Gründen kein

---

7 Ein Muster dieser Bestätigung findet sich bei Rauchfleisch, 2016, S.108–109

Problem darin, dass sie dabei beide Rollen, die des Gutachters und die des Therapeuten, innehaben.

5.9 Resilienzfaktoren und Ressourcen

Die Darstellung grundlegender Unterschiede zwischen cis heterosexuellen und trans, homo- und bisexuellen Kindern und Jugendlichen in den vorangegangenen Kapiteln mag bei den Leser*innen den Eindruck hinterlassen haben, diese Heranwachsenden führten ein äußerst schwieriges Leben und liefen Gefahr, eine Fülle psychischer Störungen zu entwickeln. Wie dargestellt, trifft diese Befürchtung in manchen Bereichen tatsächlich zu, z. B. was die Schwierigkeiten beim Coming Out und beim Eingehen erster Liebesbeziehungen und bei der Auseinandersetzung mit Diskriminierungen angeht.

Dennoch zeigt die Lebensrealität dieser Kinder und Jugendlichen, dass sie diese Probleme größtenteils unbeschadet überstehen und aus der Auseinandersetzung damit häufig sogar gestärkt hervorgehen. Der Essayist Edmund White hat in diesem Zusammenhang davon gesprochen, schwule Männer würden durch die von früh auf in ihrem Leben notwendige Reflexion über die Fragen, wer sie selbst sind, inwiefern sie gleich und inwiefern sie anders als Heterosexuelle sind, eine Art *philosophische Haltung* erwerben. In etwas euphemistischer Weise spricht er davon, das Resultat einer solchen Entwicklung, in der die Selbstreflexion von Kindheit an einen zentralen Platz einnehme, sei ein »schwuler Philosoph« (White, 1996, S. 33).

Auch wenn diese Umschreibung übertrieben wirkt, enthält sie meines Erachtens doch eine wichtige, therapeutisch nutzbare Komponente, distanziert sie sich doch von einer larmoyanten, das eigene Schicksal beklagenden, hilflosen und das Selbstwertgefühl beeinträchtigenden Haltung und setzt an deren Stelle das, was auch als »Gaypride« und »Transpride« bezeichnet wird, nämlich eine positive, die eigene Identität wertschätzende Einstellung. Aus diesem Grund verwende ich in Therapien mit trans und homosexuellen Jugendlichen und Erwachsenen mitunter die Überlegung Whites von den schwulen, lesbischen oder trans »Philosoph*innen«.

Bei dem Thema, wie es den meisten trans, bi- und homosexuellen Kindern und Jugendlichen gelingt, mehr oder weniger unbeschadet ihre Entwicklung zu durchlaufen und die Kräfte aufzubringen, die sie zur Bewältigung ihres Coming Out und/oder ihrer Transition brauchen, stellt sich die Frage nach den dabei wirksamen *Resilienzfaktoren* (Werner, 1971), d. h. nach der Fähigkeit, Krisen zu bewältigen und sie durch Rückgriff auf persönliche und sozial vermittelte Ressourcen für die eigene Entwicklung zu nutzen. Es ist im Sinne der Salutogenese (Antonovsky & Franke, 1997) die Frage, woher die trans, bi- und homosexuellen Kinder und Jugendlichen die Widerstandskraft gegen die sich ihnen in den Weg stellenden Schwierigkeiten beziehen, und wie sie die dazu nötigen Copingstrategien erwerben.

Bei der Resilienz spielen Persönlichkeitsmerkmale ebenso wie Umweltfaktoren und dynamische Prozesse eine wichtige Rolle (Schreiber & Iskenius, 2013).

Zu den *Persönlichkeitsmerkmalen* gehören Intelligenz, Offenheit für neue Erfahrungen, soziale Kompetenzen, Entschlossenheit, Mut und die Selbstwirksamkeitserwartung (Bandura, 1977), d. h. der Glaube daran, selbst etwas bewirken und auch in schwierigen Situationen selbständig handeln zu können. Es sind dies Faktoren, über die trans, bi- und homosexuelle Kinder und Jugendlichen verfügen bzw. die sie im Verlauf ihrer Entwicklung erlernen müssen, wenn sie erfolgreich ihren Weg gehen wollen.

Tatsächlich lehrt uns der Umgang mit diesen Heranwachsenden, dass sie beispielsweise in Coming Out-Prozessen viel Mut und Entschlossenheit aufbringen, was ihnen mit Recht Anerkennung der Umgebung einbringt. Ich habe das Beispiel des achtjährigen trans Mädchen Anja geschildert (▶ Kap. 2.2), die ihren Eltern und mir einen genau durchdachten Plan für ihr Coming Out in der Schule präsentiert hat. Sie hat dabei nicht nur Mut, eine ungewöhnliche Reife und eine soziale Kompetenz bewiesen, die größer war, als viele Gleichaltrige sie aufgebracht hätten. Dieses Kind hat vielmehr bei der Darstellung seines detaillierten

Coming Out-Plans auch ein erstaunliches Ausmaß an Selbstwirksamkeitserwartung gezeigt.

Ohne den Glauben daran, ihren schwierigen Weg letztlich selbständig gehen zu können, würde ein Leben als gleichgeschlechtlich liebender Mensch oder als trans Person nicht möglich sein. Diese Merkmale sind indes nicht nur Voraussetzungen für ein »gelingendes« Leben (▶ Kap. 6), sondern die Kinder und Jugendlichen entwickeln sie mit der Zeit bei der Auseinandersetzung mit den schwierigen Situationen, die sie zu meistern haben. In diesem Prozess kann die begleitende Psychotherapie ein wichtiger Faktor sein.

Die Forschung zeigt jedoch, dass es nicht nur Persönlichkeitsmerkmale sind, die zur Resilienz beitragen. Daneben sind auch *Umweltfaktoren* eminent wichtig. Dazu zählen vor allem die soziale Unterstützung durch die Familie, durch Freund*innen und Bezugsgruppen sowie soziale Modelle für die konstruktive Bewältigung der Belastungen. Diesen Faktoren kommt im Leben von trans, bi- und homosexuellen Kindern und Jugendlichen eine besonders große Bedeutung zu.

Aus diesem Grunde ist es wichtig, dass die Familien der Kinder und Jugendlichen in die therapeutische Begleitung einbezogen werden. Ihre elterliche Kompetenz zu stärken und die Akzeptanz ihrem Kind gegenüber zu verbessern, sind wesentliche Ziele der Begleitung der Eltern. Es geht dabei um eine Verbesserung der »Parenting Skills« (Möhler, 2020, S. 61) und der intuitiven elterlichen Kompetenzen, die den Kindern unmittelbar zugutekommt. Dem Rückhalt der Heranwachsenden in ihren Familien kommt eine große Bedeutung zu, und es ist deshalb wichtig, diesen Fragen auch in der Begleitung der trans, bi- und homosexuellen Kinder und Jugendlichen besondere Aufmerksamkeit zu schenken.

Mit zunehmendem Alter spielen dann die Peers eine wesentliche Rolle. Wenn es den Jugendlichen gelingt, gute Beziehungen zu Freund*innen aufzubauen, sind dies wichtige Resilienzfaktoren. Wie bereits ausgeführt (▶ Kap. 5.7), spielen in diesem Zusammenhang vor allem auch Gruppen und Aktivitäten aus der Community eine zentrale Rolle (Ceatha et al., 2019; Sauer & Meyer, 2019)). Oft können sie als »family« wenigstens ein Stück weit die Herkunftsfamilie, die sich vielleicht mit der sexuellen Orientierung oder der Geschlechtsentwicklung des Heranwachsenden schwertut, ersetzen.

Eine positive, die Resilienz stärkende Rolle spielen auch die LGBTIQ*-Netzwerke sowie die Freizeit- und Selbsthilfegruppen (▶ Kap. 5.7). Sie bieten den Kindern und Jugendlichen Räume, in denen sie so sein können, wie sie sind, und in denen sie in anderen Heranwachsenden Modelle für ihre eigene Lebensgestaltung finden.

Bei der Frage nach dem Einfluss, den die Umwelt auf das Wohlbefinden von Lesben, Schwulen, Bisexuellen und trans Menschen ausübt, ist es interessant zu erfahren (Pachankis & Branstrom, 2018; Krieger, 2014), dass der Grad der rechtlichen Anerkennung der geschlechtlichen und sexuellen Vielfalt dabei eine wesentliche Rolle spielt. Die gesellschaftlichen Rahmenbedingungen einerseits und das Wohlbefinden und die Gesundheit andererseits stehen in einer engen Wechselwirkung. Dies zeigt sich auch in der Tatsache, dass die Eheöffnung für gleichgeschlechtliche Paare das Suizidrisiko deutlich gesenkt hat (Erlangsen et al., 2019).

Mit Recht wird in der Resilienzforschung (Cicchetti & Garmezy, 1993) betont, dass bei der Frage nach der Resilienz neben den Persönlichkeitsmerkmalen und den Umweltbedingungen auch *Prozessfaktoren* zu beachten sind. Dazu zählen die Akzeptanz des Unveränderbaren und die aktive Bewältigung des Beeinflussbaren, die Konzentration auf das, was als nächstes zu bewältigen ist, ein Gemeinschaftserleben und die Nutzung von Netzwerken. Alle diese Prozesse finden wir im Leben von trans, bi- und homosexuellen Kindern und Jugendlichen. Ohne ein sorgfältiges Abwägen, was? – zu welcher Zeit? – wem gegenüber? – wie? – zu kommunizieren ist, kann kein Coming Out-Prozess konstruktiv bewältigt werden (▶ Kap. 2.2 und ▶ Kap. 5.4).

Ebenso müssen die Heranwachsenden sich mit der Frage auseinandersetzen, was unveränderbar ist und was sich verändern lässt. Dies ist beispielsweise bei trans Jugendlichen eine zentrale Frage, wenn es um körperliche Angleichungen geht. Stets braucht es auf der einen Seite die Akzeptanz der Tatsache, dass noch so wirksame hormonelle Behandlungen und noch so perfekte Operationsresultate nicht darüber hinwegtäuschen können, dass ihr Körper Züge des ihnen bei der Geburt zugewiesenen Geschlechts hat und behalten wird. Auf der anderen Seite geht es aber auch darum, das, was veränderbar ist, aktiv zu verändern.

Ähnliches gilt für gleichgeschlechtlich liebende Jugendliche. Für sie kann sich die Frage nach der Akzeptanz des Unveränderbaren und der aktiven Gestaltung des Beeinflussbaren stellen, wenn etwa Eltern oder nahe Freund*innen sich absolut weigern, ihre sexuelle Orientierung zu akzeptieren. Unter Umständen müssen die Jugendlichen und jungen Erwachsenen einsehen, dass es nicht möglich ist, diese Bezugspersonen davon zu überzeugen, dass sie ihren Weg konsequent weitergehen müssen. In einer solchen Situation müssen sie akzeptieren, dass sie zumindest im Moment keine Chance haben, die Meinung der Eltern oder anderer naher Bezugspersonen positiv zu beeinflussen. Die Konsequenz kann dann unter Umständen sein, die Beziehung zu diesen Personen – zumindest für eine gewisse Zeit – abzubrechen.

Auf die Bedeutung der LGBTIQ*-Netzwerke sowie der Aktivitäts- und Selbsthilfegruppen habe ich schon hingewiesen. In diesen können die trans, bi- und homosexuellen Kinder und Jugendlichen im Gegensatz zu den sonst vielleicht zum Teil schwierigen Beziehungen zu ihren cis heterosexuellen Peers das für ihre Entwicklung und die Stärkung ihrer Resilienz so wichtige Gemeinschaftsgefühl (»family«, »community«) erleben. Die anderen Teilnehmer*innen dieser Gruppen bieten ihnen auch konstruktive Modelle dafür, wie sie mit ihren eigenen Konfliktsituationen umgehen und ihr Leben als trans, bi- oder homosexuelle Person gestalten können.

Eine wichtige Funktion bei der Stärkung der Resilienz dieser Kinder und Jugendlichen erfüllen schließlich auch wir Therapeut*innen, indem wir den Entwicklungsprozess der Heranwachsenden begleiten (vgl. Burchartz, 2019). Wie in den vorangehenden Kapiteln beschrieben, arbeiten wir in der begleitenden Psychotherapie im Sinne eines Coaching an den Persönlichkeitsmerkmalen der Kinder und Jugendlichen und spüren bestehende Ressourcen auf, wir sorgen für optimale Umweltbedingungen und beeinflussen die Prozessfaktoren positiv, und tragen auf diese Weise wesentlich zur Stärkung ihrer Resilienz bei.

Um die Entwicklung von Kindern und Jugendlichen positiv zu beeinflussen, hat sich, unabhängig von den Problemen, mit denen die Heranwachsenden zu kämpfen haben, und auch psychotherapieschulübergreifend eine *ressourcenorientierte Einstellung* der Therapeut*innen als wichtig erwiesen (Willutzki, 2000). Sie stellt auch einen wichtigen

Wirkfaktor dar. Es geht bei dem ressourcenorientierten Vorgehen darum, die bei den Patient*innen bereits vorhandenen Fähigkeiten, Fertigkeiten und Eigenheiten aufzuspüren und für Veränderungsprozesse zu nutzen. Wenn wir in diesem Fall unser Augenmerk speziell auf die bestehenden Ressourcen richten, kommt dies bei unserem sonst im Allgemeinen stark auf die Pathologie konzentrierten Blick einem Paradigmenwechsel gleich. Es ist der Wechsel von der Pathogenese zur Salutogenese (Antonovsky & Franke, 1997).

Gerade bei trans, bi- und homosexuellen Kindern und Jugendlichen ist der Blick auf die Ressourcen dieser Heranwachsenden nach meiner Erfahrung eminent wichtig. Im Verlauf der therapeutischen Begleitung wahrzunehmen, dass sie über Fähigkeiten verfügen oder ein Beziehungsnetz besitzen, die sie bisher nicht beachtet oder nur rudimentär entwickelt haben, bedeutet für sie eine wichtige neue Erkenntnis. Diese hat zugleich eine *ich- wie eine selbstwertstabilisierende Wirkung*.

Die Ressourcen können eigene Fähigkeiten und Fertigkeiten ebenso wie soziale Faktoren betreffen. Indem wir in den therapeutischen Begleitungen gemeinsam mit den trans und gleichgeschlechtlich orientierten Heranwachsenden unser Augenmerk verstärkt auf diese vielleicht weitgehend verschütteten oder noch nicht wahrgenommenen Ressourcen richten, werden sie den Jugendlichen bewusst und verfügbarer und es kommt zu einer Ressourcenaktivierung (Willutzki & Teismann, 2015; Günther, Teren & Wolf, 2019). Dadurch öffnen sich den Jugendlichen neue Handlungsräume und damit neue Lebensperspektiven, die für ihre weitere Entwicklung gerade in Anbetracht ihrer oft bestehenden Angst, zu den weiteren Coming-Out-Schritten nicht fähig zu sein, wichtig sind.

Eine weitere positive Konsequenz des ressourcenorientierten Vorgehens ist die Tatsache, dass durch die gemeinsame Suche nach Ressourcen und die Aktivierung dieser Kräfte unser Expertenstatus relativiert wird und die Jugendlichen mehr Vertrauen in ihre eigenen Kräfte entwickeln. Dies kommt wiederum der Stärkung ihres Selbstwerterlebens zugute, was gerade bei trans, bi- und homosexuellen Heranwachsenden in Anbetracht der vielen ihr Selbstwertgefühl verletzenden Diskriminierungen von großer Bedeutung ist.

Da Diskriminierungen generell das Vertrauen in die eigenen Kräfte untergraben, kommt es in der begleitenden Therapie darauf an, auf der einen Seite an den durch die Diskriminierungen erlittenen Verletzungen zu arbeiten (▶ Kap. 5.3) und auf der anderen Seite durch die Ressourcenorientierung das Vertrauen dieser Jugendlichen in ihre eigenen Kräfte und in die Tragfähigkeit ihrer sozialen Netzwerke zu stärken.

Dies ist auch das Ziel eines vor allem in der Sozialen Arbeit verbreiteten Ansatzes, den wir als *Empowerment* bezeichnen. Es ist eine professionelle Haltung, »die den Focus auf die Förderung von Potentialen der Selbstorganisation und gemeinschaftlichen Handelns legt« (Stark, 1996, S. 159). Es geht darum, Selbstbefähigung, Stärkung von Autonomie und Eigenmacht der Klient*innen zu fördern, sie zur Entdeckung eigener Stärken zu ermutigen und ihnen Hilfestellungen bei der Aneignung von Selbstbestimmung und Lebensautonomie zu vermitteln.

Mir scheint Empowerment ein gerade für die Arbeit mit trans, bi- und homosexuellen Kindern, Jugendlichen und jungen Erwachsenen besonders fruchtbarer Ansatz zu sein. Diese Heranwachsenden – und unter ihnen insbesondere trans Menschen – befinden sich, wie dargestellt, aufgrund ihrer nicht dem Mainstream entsprechenden Identität und sexuellen Orientierung in vielfältigen Abhängigkeiten. Hier bietet der Ansatz des Empowerments mit seiner Betonung der Autonomieförderung ein hervorragendes Gegengewicht. Aus diesem Grund soll hier noch etwas ausführlicher auf den Empowerment-Ansatz eingegangen werden.

Das Besondere und für die Arbeit mit trans, bi- und homosexuellen Jugendlichen Fruchtbare liegt darin, dass sie im Empowerment-Prozess ermutigt werden, ihre *eigenen Angelegenheiten in die Hand zu nehmen*, ihre eigenen Kräfte und Kompetenzen zu entdecken und ernst zu nehmen und den Wert *selbsterarbeiteter* Lösungen schätzen zu lernen. Außerdem geht es dabei um die Kooperation von Personen, die sich mit den gleichen oder ähnlichen Problemen auseinandersetzen müssen, und damit um eine *aktive Förderung solidarischer Formen der Selbstorganisation* (Keupp, 1993).

Obwohl der Empowerment-Ansatz gerade für die Arbeit mit trans und homosexuellen Personen vielfältige Möglichkeiten bietet, ist er bisher nur selten für diese Klient*innen verwendet worden. Ausnahmen sind eine Studie zum Thema »Empowerment als Strategie zur Identitätsfindung bei homosexuellen männlichen Jugendlichen und jungen Erwachsenen« von Warda (2011) und eine Arbeit von Walker (2012) zum Thema »Trans*Menschen und Soziale Arbeit«. Die Untersuchungen zeigen in eindrücklicher Weise, wie entwicklungsfördernd und selbstwertstärkend sich Empowerment bei dieser Klientel auswirkt.

Ausgehend von Herrigers (2010) Konzept des Empowerments hat Walker eine Reihe von Grundsätzen herausgearbeitet, die bei trans ebenso wie bei bi- und homosexuellen Jugendlichen und Erwachsenen Anwendung finden können. Einige der wichtigsten Themen, die nach Walker »Guidelines« für die Arbeit mit trans Menschen darstellen, seien im Folgenden genannt (Walker, 2012, S. 81–83):

- die Fähigkeit, aus der bunten Vielzahl der angebotenen Lebensoptionen auswählen und eigenverantwortete Entscheidungen für die eigene Person treffen zu können;
- die Fähigkeit, für die eigenen Bedürfnisse, Interessen, Wünsche und Fantasien aktiv einzutreten und bevormundenden Übergriffen anderer in das eigene Leben entgegentreten zu können;
- die Erfahrung, als Subjekt die Umstände des eigenen Lebens (Selbst-, Sozial- und Umweltbeziehungen) produktiv gestalten und erwünschte Veränderungen »in eigener Regie« bewirken zu können (die Erfahrung von Selbstwirksamkeit und Gestaltungsvermögen);
- die Bereitschaft und die Fähigkeit, sich belastenden Lebensproblemen aktiv zu stellen (und nicht zu Mustern der Verleugnung und der Nicht-Wahrnehmung Zuflucht zu nehmen) und hilfreiche Ressourcen der Veränderung zu mobilisieren;
- das Vermögen, ein kritisches Denken zu lernen und das lähmende Gewicht von Alltagsroutinen, Handlungsgewohnheiten und Konditionierungen abzulegen;
- die Fähigkeit, sich aktiv Zugang zu Informationen, Dienstleistungen und Unterstützungsressourcen zu eröffnen und diese zum eigenen Nutzen einzusetzen;
- die Einsamkeit überwinden und die Bereitschaft, sich in solidarische Gemeinschaften einzubinden;
- das Einfordern der eigenen Rechte auf Teilhabe und Mitwirkung und die stete Bereitschaft, offensiv gegen stille Muster der Entrechtung anzutreten.

Diese Themen werden den Klient*innen nicht mit speziellen Behandlungs»techniken« durch die Fachleute vermittelt, sondern in einem Empowerment-Prozess mit ihnen zusammen erarbeitet. Dadurch haben sie eine starke positive Wirkung auf die *Autonomieentwicklung* und die Bereitschaft und Fähigkeit, die eigene Situation *selbstverantwortlich* in die eigene Hand zu nehmen und für sich einzutreten. Dies führt dann auch zu einer *Stärkung des Selbstwertgefühls.*

Die von Walker (2012) genannten Themen betrachten wir auch aus psychodynamischer Sicht als zentrale Aspekte in den Begleitungen von trans, bi- und homosexuellen Kindern und Jugendlichen. Es geht dabei um den Einsatz von *Ich-Funktionen* und um den Prozess ihrer Differenzierung und zugleich um die *Schärfung der Wahrnehmung von Gefühlen und eigenen Bedürfnissen*. Die Konsequenz des Empowerments ist in diesem Fall die Verbesserung der Selbst- und Fremdwahrnehmung, die Differenzierung der Selbstbilder, das Erleben von Selbstwirksamkeit mit der Konsequenz der Stärkung des Selbstwertgefuhls sowie die Verbesserung sozialer Kompetenzen.

Wie aus den Ausführungen in den anderen Kapiteln dieses Buches ersichtlich, stellt die Begleitung der Kinder und Jugendlichen mit gleichgeschlechtlichen Orientierungen und Transgeschlechtlichkeit letztlich keine Therapie im üblichen Sinne dar. Es geht bei ihnen vielmehr um ein *Coaching*, das sie in der Bewältigung schwieriger Lebenssituationen unterstützt. In diesem Prozess kommt dem Empowerment eine große Bedeutung zu.

Dies gilt nicht nur für das Segment psychisch gesunder trans, bi- und homosexueller Kinder und Jugendlicher, sondern letztlich auch für diejenigen von ihnen, die unter psychischen Problemen leiden. Bei dieser Gruppe werden wir zwar, wie oben beschrieben (▶ Kap. 5.2), die üblichen psychotherapeutischen Therapiekonzepte anwenden. Zugleich stellt die Begleitung aber auch bei diesen Heranwachsenden ein Coaching dar, bei dem wir an ihren psychischen Störungen arbeiten und zwar unter Berücksichtigung ihrer spezifischen Entwicklungsbedingungen und der Lebensumstände beim Aufwachsen in einer cis- und heteronormativen Gesellschaft. Auf diese Weise kann es den LGBTIQ*-Heranwachsenden gelingen, Selbstakzeptanz und so etwas wie eine Gay- und Transpride zu entwickeln (▶ Kap. 6).

Zusammenfassung

Voraussetzung für die Behandlung von trans, bi- und homosexuellen Kindern und Jugendlichen sind eine *gay- und transaffirmative Haltung* sowie *Flexibilität* und die Bereitschaft, mit verschiedenen Settings zu arbeiten (betr. Sitzungsfrequenz, Einbezug von Eltern, Lehrer*innen, Lehrmeister*innen etc.). Insbesondere bei trans Kindern sind Absprachen mit den Lehrer*innen notwendig.

Die Begleitung der gesunden LGBTIQ*-Kinder und Jugendlichen hat einen *Coaching-Charakter*, durch den die Kinder in der Bewältigung einer schwierigen Lebenssituation unterstützt werden. Bei psychisch kranken LGBTIQ*-Kindern und Jugendlichen können die gleichen Therapiekonzepte wie bei den cis heterosexuellen Jugendlichen verwendet werden. Beim Coaching wie bei den Therapien i. e. S. müssen aber stets die *spezifischen Bedingungen*, unter denen sie in der cis heteronormativen Gesellschaft aufgewachsen sind, beachtet werden.

Falls *psychische Störungen* auftreten, sind dies vor allem Angst, Depressionen, sozialer Rückzug und Selbstverletzungen. Bei trans Kindern finden sich häufig Autismus-Spektrum-Störungen.

Wichtig ist in der Psychotherapie die Bearbeitung von *Traumatisierungen* und der *verinnerlichten Homo- und Transnegativität*.

Ein Coaching ist mitunter auch bei Coming Out-Prozessen sinnvoll, hier oft unter *Einbezug von wichtigen Bezugspersonen*.

Oft brauchen auch die *Eltern selbst Hilfe*, wenn sie mit der Transgeschlechtlichkeit oder der Homosexualität ihrer Kinder konfrontiert werden.

Zu den therapeutischen Aufgaben gehört auch die *Information* der Kinder und Jugendlichen über *LGBTIQ*-Freizeitangebote und Gruppen*, weil diese für die Identitätsbildung der Heranwachsenden wichtig sind.

Die trans Kinder benötigen Unterstützung bei den *medizinischen* Transitionsschritten (Pubertätsblockade, Behandlung mit gegengeschlechtlichen Hormonen, chirurgische Maßnahmen) und bei *juristischen* Fragen (Vornamens- und Personenstandsänderungen).

> Wichtig sind in den Begleitungen die Beachtung und die Förderung von *Ressourcen und Resilienzfaktoren* und das *Empowerment*, das die Selbstwirksamkeit unterstützt und das Selbstwertgefühl stabilisiert.

Literatur zur vertiefenden Lektüre

Preuss, W. F. (2016): *Geschlechtsdysphorie, Transidentität und Transsexualität im Kindes- und Jugendalter.* München: E. Reinhardt.
Rauchfleisch, U. (2012): *Mein Kind liebt anders. Ein Ratgeber für Eltern homosexueller Kinder.* Ostfildern: Patmos.
Rauchfleisch, U. (2019d): *Anne wird Tom – Klaus wird Lara. Transidentität/Transsexualität verstehen.* 3. Aufl. Ostfildern: Patmos.
Resch, F. (2017): *Selbstverletzung als Selbstfürsorge. Zur Psychodynamik selbstschädigenden Verhaltens bei Jugendlichen.* Psychodynamik Kompakt. Göttingen: Vandenhoeck & Ruprecht.
Walker, J. (2012): *Trans*Menschen und Soziale Arbeit.* Bachelor Arbeit, FHS St. Gallen.

Weiterführende Fragen

- Welche Voraussetzungen sind für die Behandlung von trans, bi- und homosexuellen Kindern und Jugendlichen notwendig?
- Kann man bei ihnen die gleichen Therapiekonzepte wie bei cis heterosexuellen Kindern verwenden?
- Worauf muss in Behandlungen dieser Kinder und Jugendlichen besonders geachtet werden?
- Was sind Konversionstherapien und welche Wirkung haben sie auf LGBTIQ*-Kinder und Jugendliche?
- Warum sind die LGBTIQ*-Freizeitangebote und Gruppen für diese Kinder und Jugendlichen wichtig?

6   Ein »gelingendes« Leben als trans, bi- und homosexueller junger Erwachsener

Ich hatte ursprünglich geplant, als Titel dieses Kapitel die Formulierung »ein gelungenes Leben als trans, bi und homosexueller junger Erwachsener« zu wählen. Der Begriff »gelungen« schien mir letztlich jedoch nicht geeignet, da er so verstanden werden könnte, als gelte es für Menschen mit gleichgeschlechtlichen Orientierungen und Transgeschlechtlichkeit, ein Ziel zu erreichen und dann zu konstatieren, dies sei nun, z. B. mit dem Eintritt in die Adoleszenz, »gelungen«. Da es nicht meiner Auffassung entspricht, Entwicklung als Weg mit einem bestimmten zu erreichenden Ziel zu verstehen, habe ich mich dazu entschlossen, lieber von einem »gelingenden« Leben zu sprechen.

Generell ist das Leben von uns Menschen vom ersten Atemzug bis zum Tod durch seinen *prozesshaften Charakter* geprägt. Deshalb trifft die Formulierung »gelingend« besser das, worum es mir in diesem Buch geht. Ich möchte Wege aufzeigen, auf denen trans, bi- und homosexuelle Jugendliche auf ihrer Reise in die Erwachsenenwelt einen Prozess durchlaufen, in dem sie zumindest ein möglichst klar definiertes, positiv konnotiertes Selbstbild entwickeln und einen ihnen entsprechenden Lebensstil finden.

Grundlage dafür ist in erster Linie die *Selbstakzeptanz*. Ohne sie bleibt das Selbstbild fragil und die Schritte in das Erwachsenenleben mit seinen emotionalen und sozialen Anforderungen werden zögernd und unsicher sein. Doch was beinhaltet der Begriff »Selbstakzeptanz«?

Selbstakzeptanz umfasst im Rahmen der Themen dieses Buches als *erstes die Fähigkeit, »ja« zur eigenen Persönlichkeit mit der ihr eigenen Geschlechtsentwicklung und sexuellen Orientierung zu sagen.*

»Ja« bedeutet in diesem Fall nicht lediglich, das Unvermeidbare hinzunehmen und sich damit zu arrangieren. Mit »Ja« sind in diesem Zusammenhang vielmehr eine *uneingeschränkte Anerkennung* und eine *bedingungslose Wertschätzung des eigenen So-Seins* gemeint. Es ist die nun von der eigenen Person kommende bedingungslose Wertschätzung, die Kinder in einem positiv verlaufenden Entwicklungsprozess von ihren Eltern erleben. So hat der Selbstpsychologe Heinz Kohut (1973) davon gesprochen, dass sich das Selbstwerterleben des Kindes durch das Augenleuchten der Mutter – und natürlich auch des Vaters –, d. h. durch die bedingungslose Akzeptanz der Eltern, entwickelt. Zu dieser Selbstakzeptanz müssen die trans, bi- und homosexuellen Kinder und Jugendlichen im Verlauf ihrer Entwicklung finden.

Die Selbstakzeptanz hat *zum anderen* mit dem von Antonovsky und Franke (1997) im Rahmen des Salutogenesekonzepts entwickelten *Kohärenzgefühl* zu tun. Unter psychodynamischem Aspekt ist das Kohärenzgefühl mit dem *Selbst* (Kohut, 1973) vergleichbar, jener zentralen Instanz der Persönlichkeit, die dem Menschen das Gefühl der Ganzheit und der Konsistenz über die Zeit hin vermittelt und die durch das Selbstwertgefühl erfahrbar wird.

Die Kohärenz umfasst nach Antonovsky drei Aspekte:

- Die Fähigkeit, die Zusammenhänge des Lebens zu verstehen – das Gefühl der *Verstehbarkeit*,
- die Überzeugung, das eigene Leben gestalten zu können – das Gefühl der *Handhabbarkeit* oder Bewältigbarkeit (ähnlich dem Begriff der Selbstwirksamkeit von Bandura, 1977),
- der Glaube an den Sinn des Lebens – das Gefühl der *Sinnhaftigkeit*.

Es liegt auf der Hand, dass diese drei Aspekte Kindern und Jugendlichen nicht von vorneherein zur Verfügung stehen. Sie stellen für alle Menschen ein prozesshaftes Geschehen dar und können nur als Zielvorstellungen gedacht werden. In Anbetracht der oft schwierigen Bedingungen, unter denen trans, bi- und homosexuelle Kinder aufwachsen, kommt diesen Aspekten des Kohärenzgefühls jedoch eine zentrale Bedeutung zu.

Ich betrachte es deshalb als eine meiner Aufgaben in der begleitenden Therapie, auch an diesen Themen zu arbeiten. Im Folgenden soll auf die drei von Antonovsky genannten Aspekte des Kohärenzgefühls bei der Arbeit mit trans und gleichgeschlechtlich empfindenden Heranwachsenden eingegangen werden.

Das Gefühl der Verstehbarkeit

Wir alle haben das Bedürfnis, Dinge und Zusammenhänge in unserem Leben in eine uns logisch und sinnvoll erscheinende Ordnung zu bringen und zu begreifen, warum etwas so und nicht anders ist. Dieses Streben nach Verstehbarkeit ist umso stärker, je weniger sich uns ein bestimmtes Phänomen quasi von selbst erschließt oder je weniger es als »selbstverständlich« oder »normal« betrachtet wird und deshalb keiner Erklärung zu bedürfen scheint.

Menschen mit einer Geschlechtlichkeit und mit sexuellen Orientierungen, die nicht dem Mainstream entsprechen, haben dieses Bedürfnis auch. Nur stellt sich ihnen die Frage nach der Verstehbarkeit noch dringlicher als den cis heterosexuellen Menschen, für die ihre Identität und sexuelle Orientierung »selbstverständlich« und darum im Allgemeinen nicht erklärungsbedürftig sind.

Im Grunde wissen wir alle keine Antwort auf die Fragen »Warum?« und »Woher?«, wenn es unsere Identität oder sexuelle Orientierung angeht (▶ Kap. 1). Menschen, die in irgendeiner Hinsicht vom Mainstream abweichen, sehen sich jedoch von Kindheit an mit dieser Frage konfrontiert. Sie selbst stellen sie sich, um verstehen zu können, warum sie so und nicht wie die Majorität sind. Und auch ihre Umgebung trägt die Frage nach dem »Warum?« und »Woher?« immer wieder an sie heran (▶ Kap. 2.1 und ▶ Kap. 2.5).

Um zu einer tragfähigen Selbstakzeptanz zu kommen, ist es notwendig, dass trans und gleichgeschlechtlich empfindende Menschen irgendwann eine Antwort auf diese Fragen finden, die durchaus sehr persönlicher Art sein kann und nur für sie selbst Gültigkeit hat. Das kann bei Personen mit Transgeschlechtlichkeit eine biologische Erklärung, eine psychologische Hypothese oder – als »neutralste« und wohl zutreffendste – Erklärung die sein, es gehe um eine »Variante der Geschlechtlichkeit«. Ebenso können Lesben, Schwule und Bisexuelle ihre Orientierung als biologisch oder psychologisch determiniert oder ebenfalls am zutreffendsten als nicht weiter erklärbare und erklärungsbedürftige »Variante der sexuellen Orientierungen« empfinden.

Wie auch immer diese Erklärungen aussehen, sie bieten der betreffenden Person eine Koordinate, an der sie sich orientieren kann und die ihr ihr Sosein verstehbar macht.

Das Gefühl der Handhabbarkeit

Eine zentrale Rolle beim Aufbau der Selbstakzeptanz scheint mir zum zweiten das Gefühl der Handhabbarkeit zu spielen Es ist die Überzeugung, das eigene Leben gestalten zu können, das, was Bandura (1977) als *Selbstwirksamkeit* beschrieben hat. Es trägt wesentlich zu unserem Wohlbefinden bei, wenn wir uns nicht als hilflos empfinden, sondern spüren und erleben, dass wir unser Leben selbst in die Hand nehmen und bewältigen können.

Dieser Teil der Selbstakzeptanz ist meines Erachtens einer der Aspekte, den wir insbesondere bei Menschen mit Transgeschlechtlichkeit unbedingt im Auge behalten müssen. Die Probleme, die sie in diesem Bereich haben, sind nicht in ihnen selbst liegende Schwierigkeiten, sondern es ist die unheilvolle Folge der Erfahrung, in extremem Maße fremdbestimmt zu sein. Wie ich dargestellt habe (▶ Kap. 5.8), sind trans Menschen diesbezüglich in einer besonders prekären Situation, da sie für jeden Transitionsschritt Berichte und Gutachten beibringen müssen. Ihnen wird von der Gesellschaft das Recht auf die selbstständige Gestaltung ihres Lebens verweigert, mit der Konsequenz, dass sie aufgrund dieser Erfahrung schließlich selbst den Glauben an ihre Selbstwirksamkeit verlieren. Jacke (2019) bringt es auf den Punkt, wenn sie von einer »regressiven Liberalität« (S. 64) spricht, die für trans Menschen zwar eine Flexibilisierung der Behandlungsschritte gebracht hat, sie aber nach wie vor bei diesen Schritten der »Entscheidungshoheit« (S. 65) der Behandelnden unterwirft. Das traurige, aber zutreffende Fazit der Autorin: »Trans bleibt ein Krankheitskonzept. Liberalität ist der Motor, der die Deutungshoheit der Medizin festschreibt, mit dem sie sich ihrem Gegenstand annähert und ihn erneut in ihre Klassifikationen integriert. (…) Gerade Liberalität zementiert also den Mangel an Autonomie für trans Menschen und führt dazu, dass ihre Subjektivität weitgehend von Fremden verhandelt wird« (S. 70).

In Anbetracht dieser Situation ist es wichtig, in der begleitenden Therapie von Kindern, Jugendlichen und Erwachsenen der Frage der *Selbstwirksamkeit* große Beachtung zu schenken (▶ Kap. 5.9, Empowerment-Ansatz). Nach Bandura (1977) lässt sich die Selbstwirksamkeit durch die folgenden Faktoren verbessern bzw. stärken:

- Eigene *Erfolgserlebnisse*, indem die betreffende Person erlebt, dass sie Situationen handhaben kann, obwohl sie dies ursprünglich bezweifelt hat. Dies kann bei trans, bi- und homosexuellen Kindern und Jugendlichen beispielsweise die Erfahrung sein, dass es ihnen trotz aller Ängste gelingt, sich ihren engsten Freund*innen oder den Eltern gegenüber zu outen, oder dass sie es fertig bringen, Kontakt mit einer Selbsthilfegruppe oder mit LGBTIQ*- Organisationen aufzunehmen.
- *Stellvertretende Erfahrungen*: Hier geht es um den Vergleich mit anderen Menschen, denen es mit den gleichen Fähigkeiten gelingt, ihr Leben zu meistern. Wichtig sind dabei trans und homosexuelle *Vorbilder* in der Öffentlichkeit (z. B. trans und homosexuelle Politiker*innen oder andere Personen des öffentlichen Lebens) oder, noch wirksamer, Vorbilder im persönlichen Umfeld.
- *Verbale Ermutigung*: Es ist die Erfahrung, dass andere Menschen ihnen etwas zutrauen, das sie selbst (noch) nicht für möglich halten. Hier fällt uns Therapeut*innen eine wichtige Aufgabe zu, indem wir die Heranwachsenden in der begleitenden Behandlung ermuntern, Schritte zu tun, die wir ihnen zutrauen. Wichtig dabei ist, dass es real erreichbare Ziele sind.
- *Abbau und Kontrolle emotionaler Erregung*: Um schwierige Situationen meistern zu können, ist es von Nachteil, wenn dabei eine große emotionale Erregung besteht. Es geht deshalb darum, die Stressreaktionen (Herzklopfen, Schweißausbrüche, »weiche« Knie etc.) abzubauen, damit die Jugendlichen und jungen Erwachsenen entspannter und selbstsicherer einer schwierigen Situation begegnen können. Dies kann für gleichgeschlechtlich empfindende Jugendliche beispielsweise bedeuten, sich die ersten Worte eines Coming Out-Gesprächs zurechtzulegen, um auf diese Weise den schwierigsten Mo-

ment mit der größten emotionalen Anspannung kontrollieren zu können. Für trans Mädchen kann die Kontrolle der emotionalen Erregung dadurch gewährleistet werden, dass sie zum Beispiel beim ersten Auftreten in der Öffentlichkeit als Frau mit Freund*innen zusammen unterwegs sind, sich durch ihre Gegenwart sicherer fühlen und sich mehr auf die Begleiter*innen konzentrieren als auf die anderen Passanten, die sie durch irritierende Blicke und Reaktionen vielleicht verunsichern würden.

Das Gefühl der Sinnhaftigkeit

Um Selbstakzeptanz aufzubauen, ist es im Sinne des Kohärenzgefühls wichtig, ein *Gefühl der Sinnhaftigkeit* zu entwickeln. Dieser Anteil des Kohärenzgefühls betrifft eine existenzielle Dimension, indem es darum geht, dem eigenen Leben einen Sinn beizumessen. Selbstverständlich ist dies ein lebenslanger Prozess. Trans, bi- und homosexuelle Kinder und Jugendliche werden jedoch durch ihr »Anderssein« schon früh mit solchen Sinnfragen konfrontiert. Es ist damit das gemeint, was der oben zitierte Essayist Edmund White (1996, S. 33) meint, wenn er ausführt, dass die durch die spezielle Lebenssituation von Lesben und Schwulen – und wir können ergänzen: auch von trans Menschen – erzwungene Auseinandersetzung mit sich selbst und den anderen Menschen zu einer »philosophischen« Haltung führe.

In jedem Fall stärkt es die Selbstakzeptanz, wenn Menschen ihre Variante der Geschlechtlichkeit oder ihre sexuelle Orientierung nicht als sinnlose, zufällige, gar noch pathologische Spielart von Identität ansehen, sondern sie als etwas Sinnstiftendes betrachten. Damit erhält ihre Identität eine positive Konnotation und wird zu einem wertgeschätzten Anteil ihrer Persönlichkeit.

Wie aus diesen Ausführungen hervorgeht, ist es für trans, bi- und homosexuelle Kinder, Jugendliche und junge Erwachsene eminent wichtig, eine tragfähige Selbstakzeptanz aufzubauen. Ein wichtiger Faktor bei der Erreichung dieses Ziels ist die *begleitende Therapie*. Gelingt der Aufbau von Selbstakzeptanz nicht, so hat dies diverse psychische und soziale Probleme zur Folge. Ich habe bei der Diskussion der therapeutischen Interventionen (▶ Kap. 5) darauf hingewiesen, wie wichtig es ist, die in der Kindheit und Jugend erlittenen Verletzungen zu bearbeiten und optimale Voraussetzungen für die soziale Integration dieser Heranwachsenden zu schaffen. Die Darstellung des ressourcenorientierten Vorgehens (▶ Kap. 5.9) hat Wege aufgezeigt, diese Ziele zu erreichen.

Im Zusammenhang mit der Selbstakzeptanz wird – vor allem in der trans und gay Community – oft von »*Transpride*« und »*Gaypride*« gesprochen. Es mag übertrieben wirken, wenn hier die Rede vom »Stolz« auf die eigene Transgeschlechtlichkeit und die eigene gleichgeschlechtliche Orientierung ist. Eine solche Charakterisierung ist aber doch insofern wichtig und richtig, als mit dem Begriff »Stolz« ein Gegengewicht gegen die Entwertungen und Ausgrenzungen geschaffen wird, mit denen trans und gleichgeschlechtlich orientierte Personen in unserer cis heteronormativ geprägten Gesellschaft konfrontiert werden.

Aus diesem Grund ist, wie dargestellt (▶ Kap. 5.3), die Arbeit an der verinnerlichten Trans- und Homonegativität ein zentraler Aspekt in der therapeutischen Arbeit mit diesen Jugendlichen und jungen Erwachsenen. Indem die verinnerlichten negativen, das Selbstwerterleben der Heranwachsenden beeinträchtigenden Bilder abgebaut werden, entsteht Raum für die Trans- bzw. Gaypride. Erst dann sind sie beispielsweise in der Lage, die Möglichkeiten, die ihnen die LGBTIQ*-Netzwerke bieten, auch wirklich zu nutzen.

Solange verinnerlichte negative Bilder die Oberhand besitzen, prallen vielfach auch unsere therapeutischen Interventionen, mit denen wir an positiven Aspekten arbeiten und Resilienzfaktoren stärken wollen, an den Heranwachsenden ab. Ebenso verhindern die verinnerlichten negativen Bilder der Transgeschlechtlichkeit und der Homosexualität bei diesen Kindern und Jugendlichen die Nutzung der positiven Erfahrungen, die sie im persönlichen Bereich wie in der weiteren Sozietät machen.

Einen solchen positiven, »gelingenden« Entwicklungsweg zu finden und auf ihm voranzuschreiten, ist, wie ich in diesem Buch dargestellt habe, für trans, bi- und homosexuelle Kinder, Jugendliche und Erwachsene nicht einfach. Es ist jedoch ein »gelingendes« Unternehmen, wenn sie auf diesem Weg sagen können:

»Es stimmt, dass ich durch meine Geschlechtlichkeit und meine sexuelle Orientierung in einer schwierigen Lage bin. Aber das ist kein Grund zu verzweifeln. Ich nutze die Möglichkeiten, die mir diese Situation bringt, und bin stolz darauf, ein*e lesbische/schwuler/trans* Philosoph*in zu sein«.

Zusammenfassung

Ein wichtiges Ziel in der Entwicklung von trans, bi- und homosexuellen Kindern und Jugendlichen ist die Ausbildung von *Selbstakzeptanz*, da dies ein wesentlicher Faktor bei der Stabilisierung des Selbstwertgefühls und der Gesamtpersönlichkeit ist. Mit »Selbstakzeptanz« ist die Fähigkeit gemeint, »Ja« zur eigenen Persönlichkeit mit ihrer Geschlechtlichkeit und ihrer sexuellen Orientierung zu sagen. Es geht dabei um einen Aspekt des *Selbst* i. S. von Kohut und des *Kohärenzgefühls* von Antonovsky.

Das Kohärenzgefühl umfasst drei Aspekte:

- Gefühl der Verstehbarkeit: besteht ein Konzept, mit dem die Person sich erklären kann, warum sie so und nicht anders ist,
- Gefühl der Handhabbarkeit: i. S. der Selbstwirksamkeit, besteht die Möglichkeit und das Vertrauen darein, mit der Situation konstruktiv umzugehen,
- Gefühl der Sinnhaftigkeit: wird die eigene Situation als pathologische »Laune der Natur« empfunden oder ist darin ein »Sinn« auszumachen.

Dabei ist das *Empowerment* gerade für LGBTIQ*-Heranwachsende eine wichtige Strategie.

Ein Kriterium für die Selbstakzeptanz ist die *Transpride* und die *Gaypride*, d. h. ein selbstbewusstes »Ja« zur eigenen Geschlechtlichkeit und zur sexuellen Orientierung.

Literatur zur vertiefenden Lektüre

Antonovsky, A., Franke, A. (1997): *Salutogenese, zur Entmystifizierung der Gesundheit.* Tübingen: Dgvt-Verlag.
Bandura, A. (1991): *Sozial-kognitive Lerntheorie.* Stuttgart: Klett-Cotta.
Kohut, H. (1973): *Narzissmus.* Frankfurt/M.: Suhrkamp.
Rauchfleisch, U. (2019b): *Sexuelle Identitäten im therapeutischen Prozess. Zur Bedeutung von Orientierungen und Gender. Lindauer Beiträge zur Psychotherapie und Psychosomatik.* Stuttgart: Kohlhammer.

Weiterführende Fragen

- Warum ist Selbstakzeptanz ein zentrales Ziel in der therapeutischen Begleitung von trans, bi- und homosexuellen Kindern und Jugendlichen?
- Welche Aspekte umfasst die Selbstakzeptanz?
- Welche Kriterien geben Auskunft über die Selbstakzeptanz?

Literatur

Aigner, J. (2011): »Public Fathers«. Zur Bedeutung und Problematik der Mann-Kind-Beziehung in der öffentlichen Erziehung. *Psychosozial 126, 13–20.*
Amnesty International (2019): *Amnesty International Report 2019.* Berlin: Amnesty International.
Amnesty International Queeramnesty: *Amnesty International Queeramnesty Report.* Bern: Amnesty International.
Amtsblatt der Europäischen Union (2011): *Richtlinien. Richtlinie 2011/95/EU des Europäischen Parlaments und des Rates vom 13. Dezember 2011.* Brüssel. https://eur-lex.europa.eu/LexUriServ/LexUriServ.do?uri=OJ:L:2011:337:0009:0026:de:PDF (Zugriff: 25.08.2020)
Amtsblatt der Europäischen Union (2013): *Richtlinie 2013/33/EU des Europäischen Parlaments und des Rates vom 26. Juni 2013.* Brüssel. https://eur-lex.europa.eu/LexUriServ/LexUriServ.do?uri=OJ:L:2013:180:0096:0116:DE:PDF (Zugriff: 25.08.2020)
Antonovsky, A., Franke, A. (1997): *Salutogenese, zur Entmystifizierung der Gesundheit.* Tübingen: Dgvt-Verlag.
Appenroth, M. N., Do Mar Castro Varela, M. (2019) (Hg.): *Trans& Care. Trans Personen zwischen Selbstsorge, Fürsorge und Versorgung.* Bielefeld: transcript Verlag.
Aretz, W., Gansen-Ammann, D.-N., Mierke, K., Musiol, A. (2017): Date me if you can: Ein systematischer Überblick über den aktuellen Forschungsstanmd von Online-Dating. *Z. Sexualforsch. 30, 7–34.*
Auyeung B., Baron-Cohen S., Ashwin E., Knickmeyer R., Taylor R., Hackett G. (2009): Fetal testosterone predicts sexually differentiated childhood behavior in girls and in boys. *Psychol. Science 20, 144–148.*
Bachmann, A. S., Simon, B. (2014). Society matters: The mediational role of social recognition in the relationship between victimization and life satisfaction among gay men. *Europ. J. Social Psychol., 44, 195–201.*
Bandura, A. (1977): Self-Efficacy: Toward a unifying theory of behavioral change. *Psychol. Rev. 84 (2), 191–215.*
Bandura, A. (1991): *Sozial-kognitive Lerntheorie.* Stuttgart: Klett-Cotta.
BEFAH (2003) (Hg.): *Stärke gefragt – Eltern und ihre homosexuellen Kinder. Tagungsband Bundeselterntreffen.* Berlin: BEFAH.

Benedetti, G. (1986): Vorwort. In: Benedetti, G., Wiesmann, L. (1986) (Hrsg.): *Ein Inuk sein. Interdisziplinäre Vorlesungen zum Problem der Identität. S. 7–9.* Göttingen: Vandenhoeck & Ruprecht.

Benedetti, G., Wiesmann, L. (1986) (Hrsg.): *Ein Inuk sein. Interdisziplinäre Vorlesungen zum Problem der Identität.* Göttingen: Vandenhoeck & Ruprecht.

Berg, R. C., Lemke, R., Ross, M. W. (2017): Sociopolitical and cultural correlates of internalized homonegativity in gay and bisexual men: Findings from a global study. *Intern. J. Sex. Health 29, 97–111.*

Biechele, U. (2009): *Identitätsentwicklung schwuler Jugendlicher: Eine Befragung deutschsprachiger junger Schwuler in der schwulen Szene sowie im Internet.* Saarbrücken: Südwestdeutscher Verlag für Hochschulschriften.

Bilke-Hentsch, O., Leménager, T. (2019): *Suchtmittelgebrauch und Verhaltenssüchte bei Jugendlichen und jungen Erwachsenen.* Göttingen: Vandenhoeck & Ruprecht.

Binswanger, R. (2016): (K)ein Grund zur Homosexualität. Ein Plädoyer zum Verzicht auf psychogenetische Erklärungsversuche von homosexuellen, heterosexuellen und anderen Orientierungen. *J. Psychoanalyse 57, 6–26.*

Borchardt, I. (2010): Doppelte Diskriminierung: Pädagogische Handlungsschwerpunkte. In: Familien und Sozialverein des Lesben- und Schwulenverbandes in Deutschland (LSVD) (Hg.): *Doppelt diskriminiert oder gut integriert? Lebenssituation von Lesben und Schwulen mit Migrationshintergrund in Deutschland. 108–113.* Köln: LSVD.

Brunner R., Kaess M., Parzer, P., Fischer G., Carli V., Hoven C. W. (2014): Lifetime prevalence and psychosocial correlates of adolescent direct self-injurious behavior: A comparative study of findings in 11 European countries. *J. Child Psychol. Psychiat. Allied Disciplines 55 (4), 337–348.*

Buber, M. (1936): *Ich und Du.* Darmstadt: Wissenschaftl. Buchgesellschaft.

Bundesvereinigung Trans* (2017): *Policy Paper Gesundheit des Bundesverbands Trans*. Trans-Gesundheitsversorgung. Forderungen an die medizinischen Instanzen und an die Politik.* Berlin: Bundesvereinigung Trans*. https://www.bmfsfj.de/blob/120620/0c5e19af792f13569e13407bf0bbf825/trans-gesundheitsversorgung-bv-trans-data.pdf (Zugriff 25.08.2020).

Bundeszentrale für gesundheitliche Aufklärung BZgA) (2017): *Forschungsbericht: Die Drogenaffinität Jugendlicher in der Bundesrepublik Deutschland 2015. Teilband Computerspiele und Internet.* Köln: BZgA, Referat 2-25. http://www.bzga.de/forschung/studien-untersuchungen/studien/suchtpraevention/ (Zugriff: 25.08.2020).

Burchartz, A. (2015): *Psychodynamische Psychotherapie bei Kindern und Jugendlichen: Das tiefenpsychologisch fundierte Verfahren. Basiswissen und Praxis. 2. Aufl.* Stuttgart: Kohlhammer.

Burchartz, A. (2019): *Traumatisierung bei Kindern und Jugendlichen: Psychodynamisch verstehen und behandeln.* Stuttgart: Kohlhammer.

Cass, V. C. (1979); Homosexual Identity Formation: A Theoretical Model. *J. Homosex. 4, 219–235.*

Ceatha, N., Mayock, P., Campbell, J., Noone, Vh., Browne, K. (2019): The power of recognition: A qualitative study of social connectedness and wellbeing through LGBT sporting, creative and social groups in Ireland. *Int. J. Environ. Res. Public Health 16; 3636*.
Cicchetti, D., Garmezy, N. (1993): Prospects and promises in the study of resilience. *Developm. Psychopathol. 5, 497–502*.
Clark, T. C., Lucassen, M. F., Bullen, P. (2014): The health and well-being of transgender high school students: results from the New Zealand adolescent health survey (Youth' 12). *J.Adolesc. Health 55, 93–99*.
Coleman, E. (1982): Developmental stages of the coming out process. *J. Homosex. 7, 31–43*.
Deutscher Ethikrat (2020): *Pressemitteilung 02/2020. Deutscher Ethikrat veröffentlicht Ad-hoc-Empfehlung zu Trans-Identität bei Kindern und Jugendlichen.* https://www.ethikrat.org/mitteilungen/2020/deutscher-ethikrat-veroeffentlicht-ad-hoc-empfehlung-zu-trans-identitaet-bei-kindern-und-jugendlichen/ (Zugriff 25.08.2020).
Deutsche Gesellschaft für Sexualforschung (2018): *Geschlechtsinkongruenz, Geschlechtsdysphorie und Trans-Gesundheit. S3-Leitlinie.* https://www.awmf.org/uploads/tx_szleitlinien/138-001l_S3_Geschlechtsdysphorie-Diagnostik-Beratung-Behandlung_2019-02.pdf (Zugriff: 25.08.2020).
Deutsche Gesellschaft für Urologie (DGU) e. V., Deutsche Gesellschaft für Kinderchirurgie (DGKCH) e. V., Deutsche Gesellschaft für Kinderendokrinologie und – diabetologie (DGKED) e. V. (Hg.) (2016): S2k-Leitlinie, Varianten der Geschlechtsentwicklung. Version 1.0 (Juli 2016). https://www.awmf.org/uploads/tx_szleitlinien/174-001l_S2k_Geschlechtsentwicklung-Varianten_2016-08_01.pdf (Zugriff: 25.08.2020).
De Vries A. L., Noens I. L., Cohen-Kettenis P. T., van Berckelaer-Onnes, I. A., Doroleijers T. A. (2010): Autism spectrum disorders in gender dysphoric children and adolescents. *J. Autism. Developm. Disord. 40 (8), 930–936*.
De Vries A. L., McGuire J. K., Steensma T. D., Doreleijers T. A. H., Cohen-Kettenis P. T., Wagenaar E. C. F. (2014): Young adult psychological outcome after puberty suppression and gender reassignment. *Pediatrics 134 (4), 696–704*.
Diamond, M. (2006): Atypical gender development: A review. Gender Identity Research and Education Society (GIRES). *Intern. J. Transgenderism 9, 29–44*.
Diamond, M. (2016): Transsexualism as an intersex condition. In: Schreiber, G. (Hg.): *Transsexualität in Theologie und Neurowissenschaften. Transsexuality in Theology and Neuroscience. Ergebnisse, Kontroversen, Perspektiven. Findings, Controversies, and Perspectives. 43–53.* Berlin: De Gruyter.
Döring, N. (2017): Editorial: Sexualität im Digitalzeitalter. *Z. Sexualforsch. 30, 1–6*.
Dornes, M. (2000): *Die emotionale Welt des Kindes.* Frankfurt/M.: Fischer Taschenbuch.
Durkee, T., Kaess, M., Carli, V., Brunner, R., Wassermann, D., The SEYLE group (2012): Prevalence of pathological internet use among adolescents in Europe: Demographic and health related risk factors. *Europian Psychiat. 27, 598*.

Erikson, E. H. (1966): *Identität und Lebenszyklus*. Frankfurt/M: Suhrkamp.
Erlangsen, A., Drefahl, S., Haas, A., Bjorkenstam, C., Nordentoft, M., Andersson G. (2019): Suicide among persons who entered same-sex and opposite-sex marriage in Denmark and Sweden, 1989 – 2016: a binational, register-based cohort study. *J. Epidemiol. Community Health 10.1136/jech-2019-213009, November 13, 2019.*
Ermann, M. (2019): *Identität und Begehren. Zur Psychodynamik der Sexualität.* Stuttgart: Kohlhammer.
Fawzi, N. (2015): *Cyber-Mobbing. Ursachen und Auswirkungen von Mobbing im Internet. 2. Aufl.* Baden-Baden: Nomos.
Fergusson, D. M., Horwood, L. J., Beautrais, A. L. (1999): Is sexual orientation related to mental health problems and suicidality in young people? *Arch. Gen. Psychiat. 56, 867–874.*
Föderation Schweizer Psychologinne und Psychologen (FSP) (2020: Stellungnahme: Die FSP lehnt Konversionstherapie ab. *psychoscope 2/2020.*
Fonagy P., Target, M. (2003): *Psychoanalyse und die Psychopathologie der Entwicklung.* Stuttgart: Klett-Cotta.
Freud, S. (1921): *Massenpsychologie und Ich-Analyse.* GW XIII.
Garcia D., Gross P., Baeriswyl M., Eckel D., Müller D., Schlatter C., Rauchfleisch U. (2014): Von der Transsxualität zur Gender-Dysphorie. *Schweiz. Med.-Forum 14, 382–387.*
Gissrau, B. (1989): Wurzelsuche. Psychoanalytische Überlegungen zur lesbischen und homosexuellen Identitätsbildung. *Beiträge zur feministischen Theorie und Praxis, Bd. 25/26, Lesben 12, 133–146.*
Gissrau, B. (1993): *Die Sehnsucht der Frau nach der Frau.* Zürich: Kreuz Verlag.
Gonsiorek, J. C. (1982): *Homosexuality and psychotherapy: A practitioner's handbook of affirmative models.* London: Sage Publ.
Guasp, A. (2012): *The school report. The experiences of gay young people in britain's schools in 2012.* Center for Family Research: University of Cambridge.
Güldenring, A. (2009): Phasenspezifische Konfliktthemen eines transsexuellen Entwicklungsweges. *Psychotherapie im Dialog 10, 25–31.*
Günther, M., Teren, K., Wolf, G. (2019): *Psychotherapeutische Arbeit mit trans* Personen. Handbuch für die Gesundheitsversorgung.* München: Ernst Reinhardt Verlag.
Häussler, A. (2016): Der TEACCH-Ansatz zur Förderung von Menschen mit Autismus – Einführung in Theorie und Praxis. *5. Aufl.* Dortmund: Borgmann.
Haupt, H.-J. (2016): Neurointersexuelle Körperdiskrepanz. Grundsätzliche Überlegungen in Richtung neurophänomenologischer Zugänge zu Mustern geschlechtlicher Vielfalt. In: Schreiber, G. (Hg.): *Transsexualität in Theologie und Neurowissenschaften. Transsexuality in Theology and Neuroscience. Ergebnisse, Kontroversen, Perspektiven. Findings, Controversies, and Perspectives. 75–119.* Berlin: De Gruyter.
Haupt, C. (2019): Neuronale Varianten geschlechtlicher Entwicklung (NVSD). Zur Neurophänomenologie geschlechtlicher Leibkörperdiskrepanzen und der

Kongruenzdynamik leibkörperlichen Erlebens. In: Schreiber G. (Hrsg.): *Das Geschlecht in mir. Neurowissenschaftliche, lebensweltliche und theologische Beiträge zu Transsexualität. 83–104.* Berlin/Boston: Walter de Gruyter.

Hembree, W. C., Cohen-Kettenis, P. T., Gooren, L., Hannema, S. E., Meyer, W. J., Murad, M. H., Rosenthal, S. M., Safer, J. D., Tangpricha, V., T'Sjoen, G. G: (2017): Endocrine treatment of gender-dysphoric/gender-incongruent persons: An endocrine society clinical practice guideline. *J. Clinic. Endocrinol. Metabolism 102 (11), 1–35.*

Herek, G. M., Gillis, R. J., Cogan, J. C. (2009): Victim experiences in hate crimes based on sexual orientation. *J. Social Issues 58,* 319–339.

Herriger, N. (2010). *Empowerment in der Sozialen Arbeit. Eine Einführung. 4. Aufl.* Stuttgart: Kohlhammer-Verlag.

Holmes, T., Rahe R. (1967): The Social Readjustment Rating Scale. *J. Psychosom. Research 11 (2), 213–218.*

Hopcke, R. H. (1991): *Jung, Jungians, and Homosexuality.* Boston: Shambhala. (Dtsch.: *Jung, die Jungianer und Homosexualität.* Olten: Walter. 1993).

Hopf, H. (2019a): *Die Psychoanalyse des Jungen. 4. Aufl.* Stuttgart: Klett-Cotta.

Hopf H. (2019b): *Jungen verstehen.* Stuttgart: Klett-Cotta.

Hopf, H., Winter-Heider, C. (2019): *Sprache und Traum in der psychodynamischen Therapie von Kindern und Jugendlichen.* Stuttgart: Kohlhammer.

Hutfless, E. (2016): Wider die Binarität – Psychoanalyse und Queer Theory. *J. Psychoanalyse 57,* 99–115.

Institute of Medicine (2011): *The Health of lesbian, gay, bisexual, and transgender people: Building a foundation for better understanding.* Washington DC: The National Academic Press.

Isay, R. A. (1990): *Schwul sein. Die Entwicklung des Homosexuellen.* München: Piper.

Jacke, K. (2019): Medizinische Trans Konzepte im Wandel. Ambivalenzen von Entpathologisierung und Liberalisierung. In: Appenroth, M. N., Do Castro Varela, M. (Hg.): *Trans & Care. Trans Personen zwischen Selbstsorge, Fürsorge und Versorgung. 55–74.* Bielefeld: transcript Verlag.

Jackman, K., Honig, J., Bockting, W. (2016): Nonsuicidal self-injury among lesbian, gay, bisexual and transgender populations: an integrative review. *J. Clin. Nurs. 25,* 3438–3453.

Katzer, C. (2014): *Cybermobbing: Wenn das Internet zur W@ffe wird.* Berlin: Springer Spektrum.

Keupp, H. (1993): Die (Wieder-)Gewinnung von Handlungskompetenz. Empowerment in der psychosozialen Praxis. *Verhaltenstherapie und psychosoziale Praxis 3,* 365–381.

King, M., Semlyen, J., Tai, S. S., Killaspy, H., Osborn, D., Popelyuk, D., Nazareth, I. (2008). A systematic review of mental disorder, suicide, and deliberate self harm in lesbian, gay and bisexual people. *BMC Psychiatry,* 8, 1–17.

Klauda, G. (2010): *Die Vertreibung aus dem Serail. Europa und die Heteronormalisierung der islamischen Welt. 2. Aufl.* Hamburg: Männerschwarm.

Knoll, C., Edinger, M., Reisbeck, G. (1997): *Grenzgänge. Schwule und Lesben in der Arbeitswelt.* München: Edition Gay Studies.

Kohut, H. (1973): *Narzissmus.* Frankfurt/M.: Suhrkamp.

Kosciw, J. G., Greytak, E. A., Giga, N. M. (2016): *The 2015 national school climate survey: The experiences of lesbian, gay, bisexual, transgender, and queer youth in our nation's schools.* New York: GLSEN.

Krell, C. & Oldemeier, K. (2017): *Coming-out – und dann...?! Coming-out-Verläufe und Diskriminierungserfahrungen von lesbischen, schwulen, bisexuellen, trans* und queeren Jugendlichen und jungen Erwachsenen in Deutschland.* Opladen/Berlin/Toronto: B. Budrich.

Krieger, N. (2014): Discrimination and health inequities. *Int. J. Health Serv.* 44, 643–710.

Lazarus, R. S. (1999): *Stress and emotion. A new synthesis.* London: Free Association Books.

Lorenzer, A. (1983): Sprache, Lebenspraxis und szenisches Verstehen in der psychoanalytischen Therapie. *Psyche* 37, 97–115.

Matthews-Ewald, M. R., Zullig, K. J., Ward, R. M. (2014). Sexual orientation and disordered eating behaviors among self-identified male and female college students. *Eating Behaviors* 15, 441–444.

Mayfield, W. (2001). The development of an internalized homonegativity inventory for gay men. *J. Homosex.* 41, 53–76.

Mayock, P., Bryan, A., Carr, N. (2009): *Supporting LGBT Lives: A Study of the mental health and wellbeing of lesbian, gay, bisexual and transgender people.* Dublin: Gay and Lesbian Equality Network (GLEN) and BeLonGTo.

Mead, G. H. (1968): *Geist, Identität und Gesellschaft aus der Sicht des Sozialbehaviorismus.* Frankfurt/M.: Suhrkamp.

Mertens, W. (1992): *Entwicklung der Psychosexualität und der Geschlechtsidentität. Bd. 1: Geburt bis 4. Lebensjahr.* Stuttgart: Kohlhammer.

Mertens, W. (1996): *Entwicklung der Psychosexualität und der Geschlechtsidentität. Bd. 2: Kindheit und Adoleszenz.* Stuttgart: Kohlhammer.

Merton, R. K. (2012): *Soziologische Theorie und soziale Struktur.* Berlin: de Gruyter.

Meyenburg, B. (2016): Expertendiskussion der Begutachtung nach dem Transsexuellengesetz. *Z. Sexualforsch.* 29, 57–61.

Meyenburg, B., Renter-Schmidt, K., Schmidt, G. (2015): Begutachtung nach dem Transsexuellengesetz. *Z. Sexualforsch.* 28, 107–120.

Meyer, E. (2017): Trans*affirmative Beratung. *Psychosozial* 38, 71–86.

Meyer, I. H. (2003): Prejudice, social stress and mental health in lesbian, gay and bisexual populations: conceptual issues and research evidence. *Psychol. Bull.* 129, 674–697.

Meyer, I. H. (2010): Identity, stress, and resilience in lesbians, gay men, and bisexuals of color. *Counseling Psychologist* 38, 442–454.

Minton, H. L., McDonald, G. J. (1984): Homosexual identity formation as a developmental process. *J. Homosex.* 8, 91–104.

Miranda-Mendizabal, A., Castellvi, P., Parés-Badell, O. (2017): Sexual orientation and suicidal behaviour in adolecents and young adults: systematic review and metaanalysis. *Brit. J. Psychiat. 211*, 77–87.

Möhler, E. (2020): *Transmission von Trauma. Zur Psychodynamik und Neurobiologie dysfunktionaler Eltern-Kind-Beziehungen. Psychodynamik Kompakt.* Göttingen: Vandenhoeck & Ruprecht.

Mohr, A. I. (2004): Das Volk Lots und die Jünglinge des Paradieses. Zur Homosexualität in der Religion des Islam. In: Bochow, M., Marbach, R. (Hg.): *Homosexualität und Islam. Koran – Islamische Länder – Situation in Deutschland.* 2. Aufl. Hamburg: Männerschwarm.

Morgenthaler, F. (1987): *Homosexualität. Heterosexualität. Perversion.* Frankfurt/M.: Fischer-Taschenbuchverlag.

Müller, K. W., Wölfling, K. (2017): *Pathologischer Mediengebrauch und Internetsucht.* Stuttgart: Kohlhammer.

Neander, K.-D. (2019): »Strukturell-organisatorische Diskriminierung« von trans Menschen durch Kostenträger? In: Appenroth, M. N., Do Mar Castro Varela, M. (Hg.): *Trans & Care. Trans Personen zwischen Selbstsorge, Fürsorge und Versorgung. 125 – 141.* Bielefeld: transcript Verlag.

Newcomb, M. E., Mustanski, B. (2010). Internalized homophobia and internalizing mental health problems: A meta-analytic review. *Clin. Psychol. Rev. 30*, 1019–1029.

Ott, D., Regli, D., Znoj, H. (2017): Minoritätenstress und soziale Unterstützung: Eine Online-Untersuchung zum Wohlbefinden von Trans*Personen in der Schweiz. *Z. Sexualforsch. 30*, 138–160.

Pachankis, J. E., Branstrom, R. (2018): Hidden from happiness: structural stigma, sexual orientation concealment, and life satisfaction across 28 countries. *J. Consult. Clin. Psychol. 86*, 403–415.

Pasterski V., Gilligan L., Curtis R. (2014): Traits of autism spectrum disorders in adults with gender dysphoria. *Arch. Sex. Behav. 43 (2)*, 387–393.

Pauli, D. (2018): Gendervarianz, Geschlechtsinkongruenz und Genderdysphorie bei Kindern und Jugendlichen. *Psychiatrie + Neurologie 1/2018*, 11–14.

Pfäfflin, F. (2011): Plädoyer für die Abschaffung des Transsexuellengesetztes. *Recht & Psychiatrie 29*, 62.

Pfister, A. (2006): *Schwule Jugendliche im Blick der Sozialwissenschaften: Zur Verknüpfung psychosozialer Probleme und gleichgeschlechtlicher Orientierung im sozialwissenschaftlichen Diskurs.* Marburg: Tectum Wissenschaftsverlag.

Pfister, A. & Mikolasek, M. (2019): *Suizidversuche von LGBT-Jugendlichen und jungen Erwachsenen: Einschätzung der Machbarkeit einer qualitativen Untersuchung in der Schweiz.* https://www.hslu.ch/de-ch/hochschule-luzern/forschung/projekte/detail/?pid=4207. (Zugriff 22.09.2020).

Plöderl, M., Fartacek, R. (2009): Childhood gender nonconformity and harassment as predictors of suicidality among gay, lesbain, bisexual, and heterosexual Austrians. *Arch. Sex Behav. 38*, 400–410.

Plöderl, M., Tremblay, P. (2015): Mental health of sexual minorities: A systematic review. *Internat. Rev. Psychiat. 27, 367–385.*
Pöge, K., Dennert, G., Koppe, U., Güldenring, A., Matthigack, E. B., Rommel, A. (2020): Die gesundheitliche Lage von lesbischen, schwulen, bisexuellen sowie trans- und intergeschlechtlichen Menschen. *J. Health Monitoring Special Issue 5, 2–27.*
Preuss, W. F. (2016): *Geschlechtsdysphorie, Transidentität und Transsexualität im Kindes- und Jugendalter.* München: E. Reinhardt.
Price, M. (2018): Giant study links DNA variants to same-sex behavior. https://www.sciencemag.org/news/2018/10/giant-study-links-dna-variants-same-sex-behavior (Zugriff: 25.08.2020)
Prüll. L. (2016): *Trans* im Glück. Geschlechtsangleichung als Chance.* Göttingen: Vandenhoeck & Ruprecht.
Queeramnesty (2019): *Geflüchtete LGBTI-Menschen. Praxisleitfaden für eine auf Integration und Gleichbehandlung ausgerichete Aufnahme.* Bern: Queeramnesty.
Rauchfleisch, U. (1993): Homosexualität und psychoanalytische Ausbildung. *Forum Psychoanal. 9, 348–366.*
Rauchfleisch, U. (1994): *Schwule. Lesben. Bisexuelle. Lebensweisen, Vorurteile, Einsichten. 1. Aufl.* Göttingen: Vandenhoeck & Ruprecht.
Rauchfleisch U., Frossard J., Waser G., Wiesendanger K., Roth W. (2002): *Gleich und doch anders: Psychotherapie und Beratung von Lesben, Schwulen, Bisexuellen und ihren Angehörigen.* Stuttgart: Klett-Cotta.
Rauchfleisch, U. (2011): *Schwule. Lesben. Bisexuelle. Lebensweisen, Vorurteile, Einsichten. 4. Aufl.* Göttingen: Vandenhoeck & Ruprecht.
Rauchfleisch, U. (2012): *Mein Kind liebt anders. Ein Ratgeber für Eltern homosexueller Kinder.* Ostfildern: Patmos.
Rauchfleisch, U. (2016): *Transsexualität – Transidentität. Begutachtung, Begleitung, Therapie. 4. Aufl.* Göttingen: Vandenhoeck & Ruprecht.
Rauchfleisch, U. (2017): »Trans*Menschen«, Psychoanalyse und Psychotherapie. Transsexualität, Transidentität, Gender Dysphorie – und wie weiter? *Forum Psychoanal. 33,431–445.*
Rauchfleisch, U. (2019a): *Transsexualismus – Genderdysphorie – Geschlechtsinkongruenz – Transidentität. Der schwierige Weg der Entpathologisierung. Psychodynamik Kompakt.* Göttingen: Vandenhoeck & Ruprecht.
Rauchfleisch, U. (2019b): *Sexuelle Identitäten im therapeutischen Prozess. Zur Bedeutung von Orientierungen und Gender. Lindauer Beiträge zur Psychotherapie und Psychosomatik.* Stuttgart: Kohlhammer.
Rauchfleisch, U. (2019c): Transgender: Vielfalt der Geschlechter und Selbstbestimmung. Eine Herausforderung für Psychiatrie, Psychologie und Psychotherapie. *psychosozial 42, 117–124.*
Rauchfleisch, U. (2019d): *Anne wird Tom – Klaus wird Lara. Transidentität/Transsexualität verstehen. 3. Aufl.* Ostfildern: Patmos.
Reiche, R. (1997): Gender ohne Sex. *Psyche 51, 926–957.*

Resch, F. (2001): Der Körper als Instrument zur Bewältigung seelischer Krisen: Selbstverletzendes Verhalten bei Jugendlichen. *Deutsches Ärzteblatt 98 (36)*, 226 –2271.

Resch, F. (2017): *Selbstverletzung als Selbstfürsorge. Zur Psychodynamik selbstschädigenden Verhaltens bei Jugendlichen. Psychodynamik Kompakt.* Göttingen: Vandenhoeck & Ruprecht.

Riedel, R., Büsching, U., Brand, M. (2017): BLIKK-Medien (Bewältigung, Lernverhalten, Intelligenz, Kompetenz, Kommunikation). Kinder und Jugendliche im Umgang mit elektronischen Medien. BLIKK im Überblick. Fact-Sheet. https://www.rfh-koeln.de/sites/rfh_koelnDE/myzms/content/e380/e1184/e29466/e34095/e34098/20161121_BLIKK_Pressemitteilung_Aend_VJ_ger.pdf (Zugriff: 25.08.2020)

Ritter, K. Y., Terndrup, A. I. (2002). *Handbook of affirmative psychotherapy with Lesbians and Gay Men.* New York: Guilford Press.

Rudolf-Petersen, A. (2020): Homosexualität in der Psychoanalyse. In: Baumann, J., Grabska, K., Wolber, G. (Hg.): *Wenn die Zeit nicht alle Wunden heilt. Trauma und Transformation. 216 – 232.* Stuttgart: Klett-Cotta.

Rumpf, H. J., Meyer, C., Kreuzer, A., John, U. (2012): *Prävalenz der Internetabhängigkeit (PINTA). Bericht an das Bundesministerium für Gesundheit.* https://www.rfh-koeln.de/sites/rfh_koelnDE/myzms/content/e380/e1184/e34095/e34098/20161121_BLIKK_Pressemitteilung_Aend_VJ_ger.pdf. (Zugriff: 25.08.2020).

Sattler, F. A. (2018): *Minderheitenstress und psychische Gesundheit von Lesben, Schwulen und Bisexuellen.* Psychol. Diss. Univ. Marburg.

Sauer, A. T., Nieder, T. O. (2019): We care. Überlegungen zu einer bedarfsgerechten, transitionsunterstützenden Gesundheitsversorgung. In: Appenroth, M. N., Do Mar Castro Varela, M. (Hg.): *Trans & Care. Trans Personen zwischen Selbstsorge, Fürsorge und Versorgung. 75 – 101.* Bielefeld: transcript Verlag.

Schmidt, G. (2013): Viel Aufwand und wenig Effekt. Anmerkungen zum Transsexuellengesetz. *Z. Sexualforsch. 26, 175–177.*

Schneeberger, A., Rauchfleisch, U., Battegay, R. (2002): Psychosomatische Folgen und Begleitphänomene der Diskriminierung am Arbeitsplatz bei homosexuellen Menschen. *Schweiz. Arch. Neurol. Psychiat. 153, 137–143.*

Schoolmates-Studie (2008): *Bullying im Klassenzimmer. Wie du es bekämpfen kannst.* Bologna: Arcigay.

Schoolmates-Studie (2009a): *Bullying in der Schule. Ein Leitfaden für LehrerInnen und Schulpersonal.* Bologna: Arcigay.

Schoolmates-Studie (2009b): *Bullying bekämpfen. Eine Anleitung für Anti-Bullying-Workshops in der Schule.* Bologna: Arcigay.

Schreiber, V., Iskenius, E. L. (2013): Flüchtlinge: zwischen Traumatisierung, Resilienz und Weiterentwicklung. *Menschenrechte und Gesundheit / Amnesty-Aktionsnetz Heilberufe, Jg. 3, 2013.* https://amnesty-heilberufe.de/wp-content/uploads/mug.schreiber_iskenius.resilienz.2013.pdf (Zugriff 25.08.2020).

Seiffke-Krenke, I. (2009): *Psychotherapie und Entwicklungspsychologie. 2. Aufl.* Berlin: Springer.

Seiffke-Krenke, I. (2019): *Die Psychoanalyse des Mädchens*. 2. Aufl. Stuttgart: Klett-Cotta.
Selye, H. (1976). *Stress in Health and Disease*. Woburn (MA): Butterworth.
Sigusch, V. (1991): Die Transsexuellen und unser nosomorpher Blick. Teil II: Zur Entpathologisierung des Transsexualismus. Z. Sexualforsch. 4, 309–343.
Stächele, T., Volz, H.-P. (2013): *Taschenatlas Stress*. Linkenheim-Hochstetten: Aesopus Verlag.
Stark, W. (1996). *Empowerment. Neue Handlungskompetenzen in der psychosozialen Praxis*. Freiburg/Br.: Lambertus.
Steensma T. D., Biemond R., de Boer F., Cohen-Kettenis P. T. (2011): Desisting and persisting gender dysphoria after childhood: A qualitative follow-up study. Clin. Child Psychol. Psychiat. 16 (4), 499–516.
Steffens, M. C., Bergert, M., Heinecke, S. (2010) Studie zur Lebenssituation von Lesben und Schwulen mit Migrationshintergrund in Deutschland. In: Familien und Sozialverein des Lesben- und Schwulenverbandes in Deutschland (LSVD) (Hg.): *Doppelt diskriminiert oder gut integriert? Lebenssituation von Lesben und Schwulen mit Migrationshintergrund in Deutschland*. 13–107. Köln: LSVD.
Stoller, R. J. (1968): *Sex and Gender*. New York: Science House.
Tyson, Ph., Tyson, R. (2012): *Lehrbuch der psychoanalytischen Entwicklungspsychologie*. 4. Aufl. Stuttgart: Kohlhammer.
UNHCR (23. 10. 2012): *Richtlinien zum Internationalen Schutz Nr. 9: Anträge auf Anerkennung der Flüchtlingseigenschaft aufgrund der sexuellen Orientierung und/ oder der geschlechtlichen Identität im Zusammenhang mit Artikel 1 (A) 2 des Abkommens von 1951 bzw. des Protokolls von 1967 über die Rechtsstellung der Flüchtlinge*. UNHCR. HCR/GIP/12/09, 23. Oktober 2012. Genf. https://www.refworld.org/cgi-bin/texis/vtx/rwmain/opendocpdf.pdf?reldoc=y&docid=56caba174 (Zugriff: 25.08.2020).
van Trotsenburg, M. (2020). Fertilitätsaspekte der Hormonbehandlung von Jugendlichen mit Genderinkongruenz oder Genderdysphorie. J. Klin. Stoffw., https://doi.org/10.1007/s41969-020-00089-7 (Zugriff 25.08.2020).
Verwaltungsgericht Karlsruhe. Urteil AZ A 4 K 16909/17. Zit. nach »Tageszeitung junge Welt«. https://www.jungewelt.de/artikel/356245.repression-gerichtsurteil.html. (Zugriff: 25.08.2020).
Walker, J. (2012): *Trans*Menschen und Soziale Arbeit*. Bachelor Arbeit, FHS St. Gallen.
Wallien, M. S., Cohen-Kettenis, P. T. (2008): Psychosexual outcome of gender-dysphoric children. J. Amer. Acad. Child Adolesc. Psychiat. 47, 1413–1423.
Warda, M. (2011): *Empowerment als Strategie zur Identitätsfindung bei homosexuellen männlichen Jugendlichen und jungen Erwachsenen*. München: GRIN Publishing.
Weber, Ch. (2012): *Süddeutsche Zeitung Nr. 243/2012*. Zit. nach Hopf, H. (2019b)
Werner, E. E. (1971): *The children of Kauai: a longitudinal study from the prenatal period to age ten*. Honolulu: University of Hawaii Press.

White, E. (1996): *Die brennende Bibliothek.* München: Kindler.
Wiesendanger, K. (2005): *Vertieftes Coming-out.* Göttingen: Vandenhoeck & Ruprecht.
Willutzki, U. (2000): Ressourcenorientierung in der Psychotherapie – Eine »neue« Perspektive? In: Hermer, M. (Hg.): *Psychotherapeutische Perspektiven am Beginn des 21. Jahrhunderts. 193–212.* Tübingen: Dgvt-Verlag.
Willutzki, U., Teismann, T. (2015): *Ressourcenaktivierung in der Psychotherapie.* Göttingen: Hogrefe.
WPATH – World Professional Association of Transgender Health (2012): Standards of Care. Versorgungsempfehlungen für die Gesundheit von transsexuellen, transgender und geschlechtsnichtkonformen Personen. SOC 7th Version. www.wpath.org (Zugriff 25.08.2020)
Yogaykarta Principles on the Application of International Human Rights Law in Relation to Sexual Orientation and Gender Identity plus 10 (2017). http://yogyakartaprinciples.org (Zugriff: 25.08.2020).
Zentrum für Autismus-Spektrum-Störungen. Freiburg/Br. Zwischenraum: https://www.zwischenraum.net (Zugriff 25.08.2020)

Stichwortverzeichnis

A

Aggression 58, 93
Aktivitätsgruppen 136
Anderssein 8 f., 39, 65, 68 f., 79, 148
Änderung des Personenstands 107, 130
Änderung des Vornamens 107, 130
Angst 24, 39, 50, 58, 65, 69 f., 86, 89, 91, 94, 106, 147
Ängste 94
Angststörung 47
Archetypen 21
Asyl 55–57, 63
Autismus-Spektrum-Störungen 95 f.
Autonomie 19–22, 138, 140

B

Bisexualität 12, 18 f., 26
Bullying 47–49, 58, 63, 109

C

Chat 73 f., 77 f., 80, 120
cis heteronormativen Haltung 97
cis Vorannahme 31, 38
Cisgeschlechtlichkeit 11 f., 26
cis-heteronormativ 62
Cisnormativität 11, 24 f., 28, 140
Coaching 82, 136, 140

Coming Out 38 f., 50, 53, 60, 62 f., 74 f., 85, 92, 94 f., 99, 105 f., 112, 116, 133, 147
Cybermobbing 79 f.

D

Depersonalisationsgefühle 93
Depression 47, 50, 58, 69 f., 86, 89–91, 94, 98
Desistenz 124
Deutscher Ethikrat 45
Diskriminierung 44, 46, 50, 54 f., 62 f., 85, 96, 99, 137
Disstress 65, 67–70

E

Eltern 97–100, 106, 108, 111, 113, 118, 134
Empowerment 77, 138, 140
Enttäuschung 23
– am gleichgeschlechtlichen Elternteil 102

F

Freizeitgruppen 119, 135
Fremdbestimmung 25, 146

G

Gay Affirmative Psychotherapie 85, 94, 97
gayaffirmative Haltung 84
Gaypride 9, 132, 149
Genderdysphorie 41, 45
gender-fluid 17, 26, 32, 112
Genderinkongruenz 42
genderqueer 15, 17, 26, 32
genitale Angleichungen 129
geschlechtsangleichende Operation 128
Geschlechtsentwicklung 14–16, 22, 28, 143
Geschlechtspartner*innen-Orientierung 18
Geschlechtsrollen 18
Gewalt 32, 49 f., 57, 106
Gutachten 45, 82, 129

H

Heteronormativität 11, 28, 140
Heterosexualität 18 f., 26
heterosexuelle Vorannahme 31, 38
homonegative Haltung 117
Homonegativität 62, 67 f., 70, 85, 96, 102, 149
Homosexualität 19, 26
Hormone 25, 68, 107, 126, 128
hormonelle Behandlung 34, 116

I

Ich-Identität 13 f.
Ich-Stärke 65, 105
Identifizierung 58
Identität 12, 20–22, 25, 38, 55–57, 66, 77, 122
Internet 9, 60, 72–77, 80
Internetsucht 77

K

Klischeebilder 41, 43, 62, 96
Kohärenz 144
Kohärenzgefühl 144, 148
Konversionstherapie 85 f., 89
Koran 51

L

Lehrer 108 f.
Lernen am Modell 59

M

Menschenrechtsverletzung 86
Migration 50, 53 f., 63, 106
Minoritäten 66
– Minoritätenstress 69

N

negativer Ödipuskomplex 24
nicht-binär 32, 112
nicht-binäre Identität 26

P

Pädophilie 43, 80
Peer-Group 57, 73, 79, 107
Peers 57, 120, 134
Penis-Hoden-Epithese 129
Persistenz 123 f.
Persönlichkeitsstörung 69, 95
Phasenmodell der trans Entwicklung 24
Protogeschlechtlichkeit 16 f.
psychische Störungen 9
Psychotherapie 148
Pubertätsblockade 25, 116, 125, 127
Pubertätsblocker 68, 107

Q

Queer Theory 28

R

Resilienz 133–136
Resilienzfaktoren 9, 132–134, 149
Ressourcen 9, 132, 136–138

S

Salutogenese 133, 137, 144
Scham 24, 70, 93
Schoolmates-Studie 47, 79
Schuld 93, 117
Schuldgefühle 70, 89
Selbst 38, 93, 144
Selbstakzeptanz 38, 143, 145 f., 148
Selbsthilfeangebote 118
Selbsthilfegruppe 34, 118, 135 f., 147
Selbsthilfeorganisation
– »Zwischenraum« 90
Selbstverletzung 91–94
Selbstwert 137
Selbstwerterleben 79, 144
Selbstwertgefühl 47, 90, 94, 103, 137, 140
Selbstwertkrise 89
Selbstwertzweifel 24
Selbstwirksamkeit 144, 146 f.
Selbstwirksamkeitserwartung 133

Sexualität 77 f.
sexuelle Kernidentität 17 f.
Social Media 9, 73
soziale Kompetenz 65, 105, 133
Stress 65, 68 f.
Suchtentwicklung 77
Suizid 47, 86, 89, 94, 128
Suizidalität 69, 89–91, 103
szenisches Verstehen 104

T

therapeutische Aspekte 82
transaffirmative Haltung 84
transaffirmativen Therapie 97
transaffirmatives Vorgehen 94
Transgeschlechtlichkeit 11 f., 15, 17, 23 f., 26, 28, 41 f., 145 f.
transnegative Haltung 117
Transnegativität 42, 62, 67 f., 70, 85, 96, 102, 105, 149
Transpride 9, 132, 149
Transsexualismus 41, 45, 129
Transsexuellengesetz 45, 131
Trauma 57
Traumatisierung 47, 54, 96

V

Verheimlichungsstress 43, 66, 70
Verletzungen 66, 97 f., 102
Vorbild 58 f., 61, 63, 147